楼宇烈 著

国学十三讲

青心·明见

中国青年出版社

目 录

第一讲 中国文化的根本精神：以人为本 … 001

第二讲 东方文化中的中国文化概说 … 015

第三讲 中国传统哲学的思维底蕴 … 045

第四讲 中国文化中的艺术精神 … 053

第五讲 儒释道文化的融合发展 … 063

第六讲 中国文化中的人文精神 … 097

第七讲 中国人的主体修养学说 … 131

第八讲	儒家修养论	157
第九讲	道家的自然无为思想	183
第十讲	禅悟的生命智慧	197
第十一讲	儒家伦理的现代意义	211
第十二讲	中国文化的反思与展望	233
第十三讲	二十一世纪中国文化的建构	265

第一讲

中国文化的根本精神：
以人为本

我们要发扬传统文化的特色，就要知道中国文化最核心的精神。中国传统文化的核心精神，就是"以人为本"的人文精神。这是一种什么样的精神呢？所谓以人为本，就是在天地万物当中，注重人的主体性、主动性和能动性，人不要沦为外在世界的奴隶。

中国传统文化中有许多相关的论述。中国人讲"天生地养"，人在天和地中间，是万物之最为灵、最为贵者，"惟天地，万物父母；惟人，万物之灵"（《尚书·泰誓上》）。在中国的传统文化中，天的概念非常复杂，有多重含义。天是万物生命的根源——"天地者，生之本也"（《荀子·礼论》），天的状态是一种气，"天地合气，万物自生"（《论衡·自然》），天地之气即阴阳之气。荀子将天地万物分为四类："水火有气而无生，草木有生而无知，禽兽有知而无义，人有气、有生、有知，亦且有义，故最为天下贵也。"（《荀子·王制》）荀子用对比的方法说明了为什么天地万物中人是最贵的。天生长万物，物有各种分类——水火、草木、禽兽、人类。而人有不同的种族，不同的部落。往上推，祖先也是天，天是万物的父母，祖先是每个类的父母。天也有神的含义，就是生养之神。所以要祭天祀祖，拜祭生命的来源。对于个人来讲，不是要绝对听命于天。到西周的时候就形成了基本价值观念："皇天无亲，惟德是辅"（《尚书·蔡仲之命》），皇天不是看你是我的子女，就保佑、照顾你，而是要看你是不是有品德才会保佑、照顾你。由此可见，个体生命的主动性掌握在自己手上，人跟天的关系是由人本身决定的。《春秋左传》有一种说法，"神，聪明正直而壹者也，依人而行"（《左传·庄公三十二年》），所以西周时就形成了中国文化的根本精神，人不是盲目地听从于天，相反自身品德的提升是取得神保佑的决定因素。这样人就有了主动性。西方古希腊、古罗马也有人的主动性力量。到了中世纪以后，就有了至高无上、绝对唯一的上帝，每个人都要听命于上帝，这跟中国文化迥然不同。和西方相比，中国缺少基督教那种对神的绝对敬畏。因此，有人就认为中国人宗教观念淡薄，就是因为中国没有一个至高无上的神，神是无所不在的，山有山神，河有河神，门有门神，灶有灶神。其实，中国先秦时期也产生过听命于神的思想，墨子就强调天决定一切。如果墨子的思想占了主导地位的话，中国也可能会走上西方的进程。然而中国是以儒家为代表的，强调人的主体性的思潮占据了主导地位。人把自我修养、内在品德的提升放在第一位，而不是把天的意志放在首位。

|"以史为鉴"的优良传统|

要厘清中国传统文化的形成及其特点，首先一定要知道中国文化的两个优秀传统：一个是"以史为鉴"，一个是"以天为则"。关于"以史为鉴"，唐太宗说："以铜为鉴，可正衣冠；以古为鉴，可知兴替；以人为鉴，可明得失"（《新唐书·魏徵传》），强调历史经验的重要性。也正因为如此，中国的历史著作在全世界是最系统、最完备的，中国有二十四史或者说二十五史，还有很多野史或辅助性的历史资料。在中国历史上，每当朝代更替，新政权在相对稳定后做的第一件事情，就是制礼作乐；第二件事情就是修前朝历史，从中找出一个政权如何兴起、衰落以及最后被推翻的经验教训。历史是延续的，我们不能割断历史。"观今宜鉴古，无古不成今"（《增广贤文》），以史为鉴，不是要我们回过头去算账，而是返本开新，从中找到解决当下问题的方法，从历史的智慧中寻找前进的方向。可以说，一切文化的复古其实都是为了创造性地前进，不是简单地回到原来的地方，这就叫"以史为鉴"。

中国文化"以人为本"的根本精神就是通过"以史为鉴"总结出来的，是这个传统的一个成果。西周初期人们反思夏、商两代兴亡的原因，通过对历史的观察，他们看到夏代始于大禹治水。当时天下洪水泛滥，民不聊生，大禹治理洪水取得成功，老百姓得以安居乐业，大禹受到万民拥护，建立了夏朝。夏朝最后一个君主夏桀荒淫暴虐，老百姓一天到晚诅咒他——"时日曷丧？予及汝皆亡！"（《尚书·汤誓》）于是中原地区的商部落在成汤的带领下推翻了夏桀，把老百姓从水深火热中解救出来，建立了商朝，老百姓赞颂为"解民于倒悬"。商代是中国历史上非常重要的一个时代，我们现在能看到的早期相对成熟的文字就是商代的甲骨文。商代人很信天命。商朝最后一个君主纣王荒淫暴虐，他在位时民心已经离散，大臣祖伊告诉他民心都要归向周部落了，得注意了，纣王却说："呜呼！我生不有命在天？"（《尚书·西伯戡黎》）在中国文化里，人们把皇天也看作自己的祖先，祖先去世以后就在天上保佑着子孙。他自认为周人也奈何不了他。哪里知道，西北地区的周部落在民众的拥护下，在文王、武王的带领下，推翻了商朝，纣王兵败就自杀了。商灭夏，周灭商，在历史上称为"汤武革命，顺乎天而应乎人"(《周易·革卦·彖传》)。

把历史作为一面镜子，周王朝总结夏、商两代的教训，得出一个结论——"天命靡常"(《诗经·大雅·文王之什》)。天命，是无常的，不是永恒不变的，也能发生改天换地的变化。那么天命怎么变化？根据什么变化呢？《尚书·蔡仲之命》里记载了周对历史的总结："皇天无亲，惟德是辅。"天根据民意行事，民的意愿是什么，天就传达出来，天是民的代表，即"天视自我民视，天听自我民听"(《尚书·泰誓中》)。春秋时期齐桓公和管仲曾有一段对话：

> 齐桓公问管仲曰："王者何贵？"曰："贵天。"桓公仰而视天。管仲曰："所谓天者，非谓苍苍莽莽之天也；君人者，以百姓为天。百姓与之则安，辅之则强，非之则危，背之则亡。"(《说苑·建本》)

王者以民为天，得民心者得天下，失民心者失天下，体现在政治上，即"民惟邦本，本固邦宁"(《尚书·五子之歌》)。因此，周朝的统治者提出一个重要理念——敬德，而且呼吁要"疾敬德"(《尚书·召诰》)，要努力地、快快地提升自己的德行。这就形成了中国文化一个根本特性，即决定命运兴衰、国家存亡的关键不在于外在力量，而在于人自身德行的好坏。

中国文化里的"天"不是简单地指天空的天，也不是一个造物主的天。天的含义很丰富，是自然而然天道的天，也是代表民意的天。中国文化以人为本的人文精神重点就在于人不是听外在的力量、命运主宰的，不是做某一个神的奴隶，而是要靠自己德行的提升。保持品德，就是要警惕物欲的腐蚀。如果放纵欲望，无止境地追求欲望，其结果一定会腐蚀品德，进而丧失品德。所以中国文化非常强调"修身"，是一种自我约束、自我管理的文化。《论语·颜渊》说："为仁由己，而由人乎哉？"儒家经典《大学》开篇就讲："大学之道，在明明德，在亲民，在止于至善。"第一个"明"是发扬光大的意思，第二个"明"是形容德是光明正大的。每个人都有明德，要把它发扬出来，所以将"明明德""亲民""止于至善"称为《大学》的"三纲领"；《大学》还有"八条目"的实践纲领：格物、致知、诚意、正心、修身、齐家、治国、平天下，其中修身是关键，"自天子以至于庶人，壹是皆以修身为本"。修身就是自我德行的完善、提升，不仅仅是口头上、认识上的提升，更重要的是行动、实践上的提升。

"以天为则"的学习精神

中国的以人为本强调人的自我管理,是向内要管住自己,不仅要管住自己的感官,更要管住自己的心。人只有管住自己的心,才能管住自己的行为,因为"心之在体,君之位也。九窍之有职,官之分也"(《管子·心术上》),所以"无以物乱官,毋以官乱心"(《管子·心术下》),"君子役物,小人役于物"(《荀子·修身》)。人要保持品德,就要警惕物欲的腐蚀。如果放纵自己,对欲望无止境地追求,人就会被物控制住,丧失自己的独立性、主体性、能动性,而成为物的奴隶。

本来西方用人本主义对抗神本主义是要强调人在诸多方面的理性意义。但在西方文化传统中,其价值观念,特别是思维方式是非此即彼、二元分离、对立的,经常不自觉地陷入好就是绝对的好、坏就是绝对的坏,导致了人本主义的变异。这种变异是造成后来很多问题的根源。他们看到神本文化束缚了人类理性的能动力量,阻碍了社会的发展,而人本主义可以让人从神的脚下站起来就是绝对的好,因此走向了另一个极端。原来是上帝决定一切,现在是人决定一切,自然界万物都要听人的主宰,人取代了上帝。人本主义蜕变成了人类中心主义。人们没有想到，人要决定一切，结果人却被一切决定了。西方近代社会发展起来以后，为了争夺资源财富，什么事情都可以做，人反而失去了自我。

在中国文化中，以人为本的人文文化是不会异化成为"人类中心主义"的，因为中国文化还有一个重要的优秀传统，即"以天为则"。孔子说："大哉尧之为君也！巍巍乎！唯天为大，唯尧则之。"（《论语·泰伯》）这个"天"不仅仅指天，而是指天地，中国文化常常将天地合在一起简称天。人类绝不可做万物的主宰，反而要向天地万物学习。天地有什么德行值得我们学习？答案有很多。中国文化的基本特征是天人合一。何谓天人合一？若只是从字面上理解就是人与自然的和谐，这不足以诠释其内在的含义。所谓天人合一，本质上是天人合德，宋理学家张载在理论上概括为："民，吾同胞；物，吾与也。"（《西铭》）所谓"民胞物与"，就是说所有的人都是同一父母所生的同胞，"与"就是"类"，物我是同类的，皆为天地所生之物，所以人不能去做天地的主宰，反而要向天地学习，只有德行跟天地一样，才可以成为圣人。圣人的品德能够与天地相配，与天地一样高明博厚。所以孔庙用"德配天地""德侔天地"来赞扬孔子。

儒家讲"以天为则"，道家讲"道法自然"。"自然"不是现在自然界的概念，而是指事物的本然，是自然而然、本然的状态。道法自然就是强调人应尊重事物的本然状态。过去，大家总是觉得中国的哲学理论中缺少"人定胜天"的思想，于是到中国的传统文化中去找。终于在荀子的《荀子·天论》找到了"明天人之分""制天命而用之"的说法，就认为荀子是主张"人定胜天"的思想家。其实，荀子也强调天人合一，"明天人之分"是为了更好地天人合一。要想天人合一，首先要搞清楚天有什么样的特性，天有什么样的德，人有什么样的特性，人怎么与天相合？搞清楚了这些问题以后，才能来谈人怎样天人合一，怎么效法天地。

天地有很多品德。天地从来没有因为自己的喜恶反而舍弃一些东西，天上的太阳、月亮、星星也是光明普照的，"天无私覆，地无私载，日月无私照"（《礼记·孔子闲居》），天地的广大无私，广阔包容，是人们首先应该学习的品德。《论语》有句话说"君子不器"（《论语·为政》），器就是器皿，君子不会把自己规定为特定的形状或大小，而是能够包容所有形状和大小，这就是俗话说的"量小非君子，无度不丈夫"（《增广贤文》）。

天地是非常诚信的。孔子说："天何言哉？四时行焉，百物生焉，天何言哉？"（《论语·阳货》）春生夏长秋收冬藏，今年是春夏秋冬，明年还是春夏秋冬，后年还是春夏秋冬，天没有言语，但一年四季的运行、万物的生长都有常，这用一个字表达就是诚。《中庸》里讲："诚者天之道也，诚之者人之道也。"孟子也说："诚者天之道也，思诚者人之道也。"(《孟子·离娄上》)诚是天道的诚信，按照诚去做就是人道，从某种意义上来讲，人道是从天道学来的。这一说法在《周易·观卦·彖传》里也可以得到印证："观天之神道，而四时不忒。圣人以神道设教，而天下服矣。"过去人们对"神道设教"曲解得一塌糊涂，以为就是抬出一个神秘的高高在上的神来教化民众。这里的"神"不是造物主，是"阴阳不测之谓神""知变化之道者，其知神之所为乎"(《周易·系辞上》)。在中国文化中，神最根本的含义是指万物的变化，一点神秘主义都没有。我们观察天的变化之道，看到春夏秋冬四时是没有差错的，这就是诚。圣人按照天的神道——"诚"来教化民众，天下就太平了。治理一个国家没有诚信是不行的，交朋友没有诚信也是不行的。《论语》里记载了这样一个故事：

> 子贡问政。子曰："足食，足兵，民信之矣。"子贡曰："必不得已而去，于斯三者，何先？"曰："去兵。"子贡曰："必不得已而去，于斯二者，何先？"曰："去食。自古皆有死，民无信不立。"(《论语·颜渊》)

我们不仅要向天地学习，还要向万物学习。唐代诗人白居易在《赋得古原草送别》中描述小草说："离离原上草，一岁一枯荣。野火烧不尽，春风吹又生。"赞颂了小草的生命力之顽强，是值得人们学习的地方。宋代诗人徐庭筠在《咏竹》中描写竹子"未出土时先有节，便凌云去也无心"（有时后一句被人们改为"及凌云处尚虚心"），人们要学习竹子从根子上就要有秉直的气节，地位、身份再如何显赫也要虚心谦下。而最值得人学习的是"水"，孔子遇水必观，老子《道德经》中说"上善若水"，即水具有最高的品德，中国文化最注重向万物中的水学习。水总是往下流，普润万物，从来不居功自傲，要求回报。这是谦虚的品德。水也能够包容万物，它没有自己的形状，而是随器赋形。所以孔子说"君子不器"（《论语·为政》）。水还有坚忍不拔、以柔胜刚的品德。老子反复讲"柔弱胜刚强"（《道德经·第三十六章》）、"弱者道之用"（《道德经·第四十章》）的道理。大家都想变得刚强、再刚强，结果以刚对刚，则一定两败俱伤，而水却能以柔克刚，水的柔弱之中具有坚忍不拔的力量，发起怒来势不可挡；水有坚忍不拔、坚持不懈的精神，最典型的例子就是水滴石穿，一滴、一滴地滴，一年、十年……最终把石头滴穿了。古人说女人是水做的。女人柔弱，可又有一种韧劲儿。以柔克刚，刚柔相济，这是双赢。现在社会上懂得柔的道理、运用柔的方法的人太缺少了。当今社会上女性的作用日益凸显，人们常常用阴盛阳衰来评说，其实这只是表面上的阴盛阳衰，实际上是阳盛阴衰。因为本来应该是阴的、柔的，现在都变成阳的、刚的了。拿人类与整个自然来说，如果说整个自然是阳，人类是阴，现在人要去征服自然，人就变成阳了。以阳对阳，所以人和自然都会遭殃。人类是阴，就应该顺应自然。很多人认为老子的自然无为是无所作为。其实，无为者非不为也，"若吾所谓无为者，私志不得入公道，嗜欲不得枉正术，循理而举事，因资而立功"（《淮南子·修务训》），而总起来讲是"权自然之势"（《淮南子·修务训》）。这也就是老子的"以辅万物之自然而不敢为"（《道德经·第六十四章》）。辅助当然要有动作、行为，但不敢以自己的私志、嗜欲去干预事物，不仅要遵循事物本然之理，还要看所依靠的环境、条件是不是成熟。所以说，自然无为恰恰是最积极的有为。在这里，"自然"不是指所谓的自然界，而是本然。我们一定要尊重万物存在的本然状态，顺应万物的内在本性。我们现在的一切问题，归根结底在于对抗自然、违背自然，让它服从人的私志、私欲。

第二讲

东方文化中的中国文化概说

东方原是一个相对的地理概念，泛指东半球（主要是亚洲），到了现代，则东方又有了政治及经济方面的含义，如称资本主义社会、经济发达国家为西方世界，称社会主义社会、经济发展中国家和不发达国家为东方世界。我们从历史文化传统方面来讲东方，则主要是就原地理概念上的东方而论的。目前，在文化分类学上有所谓历史的和区域的文化圈的概念。学术界一般公认的看法是，在世界历史上先后有五大文化圈：希腊（罗马）文化圈、希伯来（基督教）文化圈、汉（儒家）文化圈、印度（佛教）文化圈、伊斯兰（阿拉伯）文化圈。其中，希腊文化和希伯来文化的融合，成为现代西方文化之根；而汉文化（除儒家外，至少还应当加上道家）和印度文化的融合，则成为现代东方文化之源。伊斯兰文化有其独特的某种介于东西方文化之间的特性，至今牢固地根植于阿拉伯国家，并影响及广大的伊斯兰信仰地区。从大范围来讲，它也同属于东方文化，但与上述汉、印文化相比，有着较明显的差别。所以有时人们谈论的所谓"东方文化",实际上主要是指汉、印文化。当然,细分析起来,汉文化与印度文化之间也有很多的差异,甚至有极不相同之处。因不是本文主旨所在,这里就不多说了。

中国与印度是东方两大文明古国,有着悠久的历史传统和丰富的文化遗产。中国的儒家思想与道家思想传播到朝鲜半岛、日本以及越南等地区,对于这些地区的文化建构有着深远的影响。印度的佛教文化,分两个系统分别传入中国和东南亚地区。在东南亚,佛教至今仍是这一地区各国的主要文化形态;而在中国,则经过与本土文化的融合后,形成了具有中国特色的佛教,然后又传入朝鲜半岛、日本以及越南等地区,同样对这些地区的文化发生了深刻的影响。由此可见,佛教和儒家、道家文化在其历史进程中,早已超出了它原发生地的意义,而发展为构成东亚、东北亚、南亚、东南亚这一广大地区的文化的主体。从某种意义上可以说,研究东方文化主要是研究儒、佛、道文化(然这绝不是说,诸如印度古代六派哲学、中国除儒道外的诸子百家,以及印度教、神道教、萨满教等东方文化不重要,不需要研究)。

下面我想就中国传统儒释道文化做一些简要的介绍,供大家进一步学习和了解东方文化、哲学时参考。

1

儒学产生于中国，其创始人是春秋末年的孔丘。经过孟轲、荀况等人的发展，在先秦诸子百家中成为最重要的显学之一。到了西汉武帝时，由于董仲舒等人的建议，儒学被定于一尊，从此成为中国封建社会占统治地位的理论基础。

原始儒学可说是一种人学，其主要内容是讲为人之道，包括探讨人的本性、个人的道德修养、人生的价值、知识的结构、为学的方法、处理人际关系的原则、从政治国的道理等。以后，儒学吸收了阴阳五行和道家的理论，丰富了它关于宇宙论方面的内容。唐宋时期，在佛学的刺激和影响下，儒学进一步吸收佛、道的理论，积极发掘传统典籍中的微言奥义，构筑了一套融儒学与宇宙学于一炉，内容丰富，论理精细，体系庞大的宋明理学，达到了儒学发展的一个新阶段。从哲学理论特征上说，儒学主要是一种以实践理性为主的哲学。因此，儒学在完善自我的道德实践方面的理论特别丰富。例如，关于人的本性问题，是探讨道德实践的理论前提，儒学在这方面就有广泛而深入的讨论、丰富的理论。孔子对此说得比较简单，只说了"性相近也，习相远也"。孟子主张"性善"论，认为"恻隐之心，人皆有之；羞恶之心，人皆有之；恭敬之心，人皆有之；是非之心，人皆有之"。所以说："乃若其情，则可以为善矣，乃所谓善也。"荀子则主张"性恶"论，认为"人之性恶，其善者伪也"。"今人之性，生而有好利焉……生而有疾恶焉……生而有耳目之欲，有好声色焉……然则从人之性，顺人之情，必出于争夺，合于犯分乱理而归于暴。"在东汉著名哲学家王充的《论衡·本性篇》中，他列出了以下各种人性论的理论加以评述：人性有善有不善（世硕、公孙尼子等），人性皆善（孟子），性无善恶之分（告子），人之性恶（荀子），人性善恶混（扬雄），以及董仲舒的"性三品"说，等等。到了宋明理学，则对性理、心性、性情、性习、才性等问题有了更加深入细致的分析。

又如，由于儒家注重于理想道德的培养和理想人格的实现，因此有极丰富的关于个人道德修养的理论和具体践履的方法。他们提出的各种关于圣人、君子、贤者、儒者的道德标准，在封建社会中曾产生过相当大的社会影响。这些理想圣人的道德标准，从今天社会的眼光看，绝大部分是过时了，但也并非一无可取之处。而当我们评论古人时，则更不能脱离这些道德标准去苛求古人。在道德修养上，儒学特别强调自觉的原则。如孔子说："仁远乎哉？我欲仁，斯仁至矣。""有能一日用其力于仁矣乎？我未见力不足者。"孟子说："人之所以异于禽兽者几希，庶民去之，君子存之。""自暴者，不可与有言也；自弃者，不可与有为也。言非礼义，谓之自暴也；吾身不能居仁由义，谓之自弃也。"对于道德行为上的自愿原则，儒家则很少阐发，他们强调的是服从天理性分的原则，也就是服从社会整体的原则。在儒家看来，道德的自觉性是不可能自发产生的，而必须通过教育才能培养出来。因此，儒家十分重视教育，大儒学家一般也是一位大教育家。在长期的教育实践中，儒家形成了一套完整的教育理论和教育方法，其中有些在今天也还是很有价值的。

再如，儒家对社会中的人际关系是十分关注的，很早就提出了"五伦"的概念，即所谓：君臣（今天可作为一般的上下关系来解释）、父子（母女）、夫妇、长幼（兄弟姐妹）、朋友，这五种人际关系中最基本的关系。孟子说，处理这五种人际关系的伦理原则是："父子有亲，君臣有义，夫妇有别，长幼有叙，朋友有信。"对此中国近代资产阶级改良派思想家谭嗣同曾批判说，"五伦"中只有朋友"一伦""于人生最无弊而有益"，因为它"不失自主之权"，至于其他"'四伦'可废也"。谭嗣同这里是就反对这些关系中伦理原则的不平等而言的，是近代资产阶级平等、自由意识的表现，有其积极进步的意义。但他并不能否定这些关系的实际存在，所以他又说，在理想的民主国中，君臣、父子、夫妇、兄弟的关系都应当像朋友的关系那样，是平等、自主的。由此可见，儒家为"五伦"所确立的伦理原则应当废除或改造，而其揭示的"五伦"关系，则也还是今天社会人际关系中的几种最基本的关系。

儒学大约在汉武帝定儒家于"一尊"时就传入朝鲜半岛了，同样是朝鲜半岛古代文化的核心。公元11世纪，高丽朝的崔冲振兴儒学有功，被时人尊称为"海东孔子"。公元13世纪末，程朱理学传入高丽，忠宣王时，国子学改称成均馆，其名乃出自《周礼·春官·大司乐》："掌成均之法，以治建国之学政，而合国之子弟焉。"成均馆学官郑梦周在明伦堂讲程朱理学，影响极大，被推为"东方理学之祖"。继高丽朝而起的李朝（1392—1910），史称"儒教王朝"，是朝鲜理学的黄金时期。特别是公元16世纪，理学大师辈出，其中如李滉（1501—1570），毕生研究朱子学，著作甚富，在一些方面发展了程朱的思想，世人誉为"海东朱子"。他的学说，对于日本的朱子学也有一定的影响。

儒学最初是通过朝鲜半岛传入日本的。相传，约公元4世纪后叶，朝鲜半岛百济的王仁携《论语》东渡日本，公元6世纪时，百济又多次派五经博士至日本讲经。从此，儒家经传在日本广为流传，对日本的文化产生了极大影响。圣德太子是日本古代文化的奠基者，公元7世纪初，在他制订的17条宪法中，除第2条讲"笃敬三宝"为推崇佛教外，其余各条都贯穿了儒家的精神，如第1条讲"以和为贵""上下和睦"，第7条讲"克念作圣"，第16条讲"使民以时"，等等。从公元8世纪初至10世纪（奈良朝与平安朝前期），儒学十分兴盛。之后曾一度低落，然至江户时代（1603—1868），儒学复兴，以至在"明治维新"中也起了一定的作用。儒学在日本有许多发展，特别是在江户时代，学者们致力于儒学的日本化，涌现出一批著名的学者。如藤原惺窝（1561—1619）、林罗山（1583—1657）、中江藤树（1608—1648）、山崎闇斋（1618—1682）、山鹿素行（1622—1685）、贝原益轩（1630—1714）、荻生徂徕（1666—1728）等。如果说，在朝鲜李朝的500余年间，完全是朱子学独霸的话，那么，在日本江户时代的260余年间，则呈现出百花竞放的景象。特别是阳明学，由于其理论中包含着某些自尊自心、身体力行等思想，日本幕末一批思想家，如佐藤一斋

（1772—1859）、佐久间象山（1811—1864）、吉田松荫（1830—1859）等，即利用他来鼓吹解放思想，力行务实，吸收洋学，从而在一定程度上为明治维新做了思想理论上的准备。

在越南，儒学传入也极早（约汉武帝时），三国两晋时期，由于中原地区动乱不宁，一批士人避居越南，同时也就进一步传播了儒学。陈王朝时（1226—1400）理

孔子像

学传入，朱子学流行于士大夫之间。继起的后黎王朝（1428—1789）和阮王朝独立时期（1802—1883）更是独尊儒学，并效法中国科举取士，以四书五经命题，使儒学更加深入民间。

| 2 |

先秦的道家我们可以称之为原始道家。原始道家到战国时已经有很大的发展。从战国中期开始，实际上就进入了一个中国学术大发展的时期。我们可以从《庄子》里的《天下篇》中了解许多当时道家的情况。《天下篇》叙述了先秦各种不同思想和学术发展的情况，提到道家时已经把它分成三个派别，哪三个派别呢？

一派就是彭蒙、田骈和慎到，他们都是先秦非常重要的思想家。以前有人把他们归到道家学派里，有的则把他们放到名家学派里。《天下篇》里讲这一派的主张是"齐万物以为首""弃知去己""莫之是，莫之非"。这确实是道家的一个特色。《庄子》里面就讲了国之难治，就是因为老百姓的智慧太开放了，所以一定要去其智才可以治理好国家。老子也有"绝圣弃智"这样的说法，意思与"弃知去己"差不多。而"莫之是，莫之非"也是道家相对主义的一种说法。

第二派就是关尹、老聃。老聃就是刚才讲的，司马迁提到的李耳。他出函谷关的时候，就是关尹要求他留下文字的，所以就把这两人算作一派了。《天下篇》称这一派的主张是"以濡弱谦下为表，以空虚不毁万物为实"。老子非常强调谦卑，让人们学习水的品格，因为水都是从高处往下流的。还让人们学习无为、无名，即不要把自己的意志强加给别的事物，去改变它们的本性。

第三派就提到庄周了，庄周就是庄子。《天下篇》说他"独与天地精神往来而不敖倪于万物，不谴是非，以与世俗处"。这个说法跟前面的"莫之是，莫之非"有相通的地方。"莫之是，莫之非"，就是没法定论是非。"不谴是非"就是根本不谈论是非的问题。"独与天地精神往来"，就是庄子逍遥的思想。无所待，因为任何东西都是有待的。只有精神可以四处翱翔，能够真正逍遥。

从《天下篇》的描述里，我们可以看到先秦道家的情况已经变得很复杂了，不是统一的，还可以看到老庄的思想也不是完全一样的。我们以前常常讲道家其实就是老庄思想，但是老庄思想虽然同为道家，但还是有很大差异的。这是道家早期的三个派别。到了战国中期，已经酝酿出道家的另外一种发展趋势,就是把道家的思想跟传说中的黄帝的思想结合起来。

黄老之学是汉初最主流的一个学派,有人说它就是道家的政治学。实际上,对于道家的思想,它是有所发展的,它把无为和有为的思想结合起来,使无为变成一种非常积极的、向上的、进取的思想,另外,它把道家许多养生的思想跟治国的思想也结合了起来。这个时期的黄老之学的主要代表作品有这样一些:

首先是河上公的《老子注》。传说河上公是一个得道的高人,他的这本书在汉代是非常流行的,可以说是流传到现在的最经典的《老子》注本之一。河上公认为,要用清静的方法来养生,同时他也强调,养生跟治国的方法是完全相通的。如果你用这个方法使自己的身体健康了,那么,你也可以用这个方法来治国,使国家健康,也就是说治身的道理完全可以运用到治国当中去。

除了《老子注》之外,还有一本值得注意的书就是《淮南子》。《淮南子》是一部很混杂的书,有各种不同的观点,但是,它的主流还是黄老之学。它也对道家的自然无为的思想进行了诠释,使之成为一种积极有为的思想,而不只是消极等待的思想。

另外,那时有一个叫严遵的人写了一部书叫作《道德指归》，或者叫《道德真经指归》，更多地从政治思想的角度来阐发老子的思想。可惜这部书只留下了一半，《道德经》有上下两篇，它只留下了《德经》这部分，没有《道经》。

还有王充，王充是东汉时的一个思想家。在他所处的那个历史时期，儒家思想应该说已经占据了主导地位。从汉武帝独尊儒术之后，汉代基本上是按照儒家的理念在治国。但王充却非常强调自然的思想，反对儒家老讲天命。王充发展了道家自然的思想，强调天地万物是一种气的结合，所以他说"天地合气，物偶自生"。天地之气相结合，物就自然产生出来了，这就像"夫妻合气，子自生矣"一样，是自然而然的，没有什么神秘的东西在里面。但是，王充的这个思想其实也蕴涵着危险性，把偶然性强调到了极点的话，其结果同样会陷入一种宿命论。如果说什么都是偶然的，那么人们实际上还是没法掌握自己的命运，那不是和听天命一样吗？

汉末以后，到了魏晋南北朝时期，道家思想又发生了一次变化。这个时期实际上主要是道家思想跟儒家思想结合，历史上称之为魏晋玄学时期。玄学最重视三部书，一部是《周易》，一部是《老子》，一部是《庄子》，后来称之为"三玄"。

《周易》是非常重要的，每个时期都在讨论它。这个时期玄学主要讨论的是破除汉代形成的象数之学。因为在汉代，《周易》发展最迅速的就是象数学，也就是卦象学。象数把卦象所代表的事物凝固化，比如说乾卦代表刚健的意思，它的一个代表物是什么呢？就是马，因为马是非常刚健的。魏晋玄学就是在批评这个刻板的"象"的基础上发展起来的。王弼提出了一个非常重要的命题，叫作"得意忘象"，或者说"得意忘言"。他认为，虽然意是从言那里来的，言又是从象那里来的，但是不能停留在言、象上，而必须把握意，这样才能真正把握它的精神。这种"得意忘言、得意忘象"的思想是魏晋玄学在周易学上对后世影响最大的一点。它是整个中国文化的特征，是整个中国思维方式的精髓之所在。

除了这一点，玄学家提出的另外一点也特别重要，叫"物无妄然，必有其理"。任何一个事物都有它内在的道理。这个道理是什么呢？就是玄学家非常强调的自然，合乎自然就合乎理。我们常常讲"自然合理"，如果我们所做的事情是自然合理的，那就应该这么做。这种思想还影响到后来的宋明理学。宋明理学家提出天理和良心，我们知道它们都是表示自然的。天理就是自然之理，良心就是自然之心。宋明理学家讲三纲五常就是天理，他们不说三纲五常是人制订出来的，而说它是符合天理的，当然就是合理的。

玄学家对道家思想发展的贡献，就是把从先秦开始形成的道德和仁义的对立，以及后来形成的名教和人的本性的对立消解掉，使它们和谐起来。在这个过程中，玄学家强调应该以人的天然本性为根本，然后再用仁义名教去规范。制订仁义名教必须符合人的自然本性，而且要顺着人的本性去发展。所以，玄学家非常明确地提出了他们的一种思路，就是以道为本，以儒为用。

玄学家提出本用这样一种思想，实际上就是想把人性和名教这两者调和起来。在这一点上，玄学有两个基本的方法：一个办法是在三国时期提出的，当时著名的玄学家何晏和王弼认为，制订名教必须根据人的自然本性。还有一个解决办法是西晋的时候另外一位玄学家郭象提出来的。他说，人所以需要名教，是因为人的本性中有这种要求。制订名教就是因为圣人发现了人的这种本性上的要求，于是就通过规定去满足它。

在这里我们可以看到，玄学家不管用哪一种解释，都是调和名教和人的自然本性的关系，这种调和应该说在社会的实际生活中是有合理之处的。实际上，我认为现在社会存在的最大问题就是没有把两者的关系调整好。我们既要尊重人的个性，尊重人的自然的需求、欲望，又要符合社会整体利益的要求，就必须有一定的社会伦常的规范来加以限制；而遵守伦常规范又不能让人感觉是对其自然本性的一种束缚、压制和摧残。这个工作我们现在做得还远远不够。

另外汉末时出现了道教。道教是以老子的《道德经》为理论依据的一个教派，后来道家的思想就跟道教掺和在一起，并在道教中得到了延伸和发展。另外，对道家的思想也一直有专门的研究，所以二者就并行了。

在汉末以后的中国文化发展过程中，道教在某种程度上成了道家的一个代言人。儒、释、道三教中的道，有的时候单称道家，有时候又包括道教在内，这个问题在学术界也有争论。有的说要严格区分道教和道家，有的觉得发展到后来很难区分，主张采取一种模糊的处理办法。道士们讲的老子的《道德经》或者庄子的《南华真经》，我们不能完全说是一种道教，因为有的是纯粹从理论上来探讨的。而后人研究老子也好、庄子也好，有的加入了很多道教的修炼的东西，我们也不能说它们纯粹就是研究道家思想的作品。所以，南北朝以后，很多道教或道家的著作和人物，都需要作个案的具体分析，来说明它们究竟是属于道家还是道教。

| 3 |

佛教产生于印度，其创始人是释迦牟尼（约公元前565—前485）。在印度，佛教经过原始佛教、部派佛教、大乘佛教、密宗佛教，这几个阶段的发展。至公元13世纪初，由于中亚信仰伊斯兰教的一些民族入侵，致使佛教在印度完全消失。近代印度开展了复兴佛教的运动，于公元19世纪从斯里兰卡反传回来。

佛教，特别是大乘佛教，是一种蕴涵着丰富哲理的宗教，其内容之广博深奥，其典籍之浩瀚，是世界历史上任何一种宗教都无法与之相比的。佛教教义的基本特征可以用四句话来概括：诸行无常，诸漏皆苦，诸法无我，涅槃寂静。即所谓"四法印"。这是佛教教义确立时，与当时印度其他宗教或学派相区别的标志，是为释迦牟尼所认可的。在原始佛教时期，佛教徒们即以是否合于此"四法印"来判别佛法与非佛法的。这四句话里，可以说包括了佛教对于客观世界、社会人生、理想境界的全部基本观点。一切皆苦，是佛教对世界、人生的根本看法，是全部佛教哲学理论的出发点。释迦牟尼成道时所总结的"四谛"（四条真理），就都是围绕着一切皆苦来论说的。"四谛"，即所谓苦谛、集谛、灭谛、道谛。苦谛是说现实世界和人生的种种痛苦（即一切皆苦），集谛是说造成痛苦的各种原因和理由，灭谛是说消除痛苦达到理想的境界（涅槃），道谛则是说实现理想境界的方法。诸行无常是说，一切事物或现象都是迁流变动的、刹那生灭的，没有常住不变的事物或现象。佛教把那种主张有常住不变的事物或现象的看法叫作"常见"，认为是一种错误的看法。诸法无我是说，在一切事物或现象中没有常住的自我（相当于灵魂）或自性。人们如果不能认识"无常""无我"的道理，而是执著于"有常""有我"，那就是自寻烦恼，亦即是痛苦的原因。涅槃寂静则是佛教追求的最高解脱，是一种根本消灭了苦果苦因，摆脱了生死轮回的不可思议的境界。佛教的全部理论和方法，可以说都是从这些基本观点出发而铺展开去的，都是为这些基本观点作论证的。如以缘起理论说明"诸法因缘生"，离开各种"缘"（关系或条件）也就不能生起诸法（一切事物和现象），从而证明"无常""无我"的道理；以"十二因缘"理论说明人生的生、老、病、死的过程和原因，三世两重因果等。

在原始佛教那里，主张通过苦行来达到解脱，强调严格的戒律和远离尘世的出世主义。在现存原始佛典中，除了大量记述佛陀（释迦牟尼）的生平和成道、传道事迹外，主要内容是讲戒律的，其中包含着丰富的宗教道德规范和理论。到大乘佛教出现后，佛教的宗教哲学理论有了极大的发展，涌现出一大批杰出的思想家、理论家。如马鸣（Asvaghosa，约公元1或2世纪）、龙树（Nagarjuna，约公元2—3世纪）、提婆（Aryadeva，约公元2—3世纪）、弥勒（Maitreya，约公元4—5世纪）、无著（Asanga，约公元4—5世纪）、世亲（Vasubandhu，约公元5世纪）等，都是其中最著名者，是大乘佛教两大派理论的创始人。

前期大乘佛教是由马鸣、龙树、提婆创立的"中观"派（或称"空宗"）。这一派的主要理论，可以用龙树《中论·观四谛品》中的一首偈来概括："众因缘生法，我说即是无（空），亦为是假名，亦是中道义。"为什么？龙树解释说："众缘具足和合而物生。是物属众因缘故无自性；无自性故空。空亦复空。但为引导众生故，以假名说。离有无二边，故名为中道。"这是说，一切事物以及人们的认识（甚至包括佛陀、涅槃等）都是一种相对的、相互依存的关系，是没有独立自性的（即没有实在的实体性）。因此，无论是说有还是说无，都只是为了引导众生而假设的名相（概念）。正确的途径是，既不落于有也不落于无，这就是中道的理论。"中观"派为了不落于断灭空，又提出了"二谛"说。对无明凡夫说俗谛，即说有；对上根菩萨则说真谛，即说空。他们为了彻底否定名相，给生灭、常断、一异、来去这四对范畴都加上了否定词，即不生不灭、不常不断、不一不异、不来不去。他们的论证是十分抽象和烦琐的，他们的前提是否认客观世界的真实性，但在这中间也表露出不少辩证法思想。

接着而起的，是由弥勒、无著、世亲创立的"瑜伽行"派（或称"有宗"）。这一派对"中观"派一切都是假名、"空亦复空"、否定一切的理论持反对的意见。他们认为，世界上的一切现象，都是由人类的精神本体所变现出来的。他们称这一人类的精神本体为"识"，声称"万法唯识"，清定"识"的实存性。在分析"识"如何变现为诸法，以及如何"转识成智"，证得圆成实的"真如佛性"等过程中，"瑜伽行"派深入地分析了人的心理活动，并对各种认识活动和心理活动进行了十分细致的分类，归纳为"五位百法"。其中有些是根据宗教的要求主观构想出来的，也有十分烦琐之处，但对于人们研究认识活动或心理活动也还是有一定参考价值的。为了深入分析名相的需要，这一派专门研究了分析的方法，极大地发展了佛教逻辑"因明"。

"中观"派和"瑜伽行"派在争论中不断互相吸收,大乘佛教后期发展的趋势,就是融合会通这两派的观点。

密教是佛教与印度古代民间信仰,特别是婆罗门教相结合的产物。至公元7世纪形成了一套较为完整的经教轨仪,真正的密教才出现。而至8世纪初,密教则已在印度佛教中占据了主要的地位。密教以大乘佛教哲学为基础,配以系统的咒语(真言)、陀罗尼(总持)、仪礼、俗信,以及强调法身佛说法、秘密传法、即身(现身、肉身)成佛等,构成了它与显教相区别的特征。密教在8世纪传入我国西藏地区,发展为今天的喇嘛教,然在中原地区的影响则不是很大。

传入东南亚地区(包括斯里兰卡、缅甸、泰国、柬埔寨、老挝等)的佛教是部派佛教中的上座部佛教(也称为南传佛教)。南传佛教注重实践,强调戒律,因此南传佛教《大藏经》(巴利[Pali]文《大藏经》)也以律藏为主,其传统一直延续至今。

佛教大约在公元1世纪(两汉之际)传入我国,其中主要是大乘佛教。佛教传入我国后,经过与我国传统思想和宗教的冲突和融合,以及理论上、形式上的自我调整,自公元4世纪起(东晋南北朝),即在中国社会中,特别是思想文化方面,产生了广泛的影响。同时,也就开始了创造性地发展佛教理论，探索建立适合于在中国土壤上扎根、生长、光大的佛教。到了隋唐时期，形成了许多具有中国特色的佛教宗派和理论。此时，佛教已在中华大地上生了根、开了花、结了果，已与中华本土传统文化融为一体，成为中华文化的一个有机组成部分了。其中如天台宗、华严宗、禅宗、净土宗、密宗等，在我国文化史、哲学思想史、文化艺术史上，都曾产生过重大影响。佛教在我国发展过程中，同样也涌现出了一大批杰出的思想家、理论家。近代著名史学家梁启超曾说："六朝至唐数百年中，志行高洁、学识渊博之士，悉相率入于佛教之范围。"（《中国学术思想变迁之大势》）其间如道安、鸠摩罗什、慧远、僧肇、道生、智𫖮、吉藏、法藏、玄奘、澄观、慧能、宗密等，他们的成就，比起创立佛教的印度高僧来，一点也不逊色。没有隋唐时期佛学的理论成就，也就不会有宋明理学在理论上的成就。可以毫不夸张地说，自东晋南北朝以后离开佛教是不可能真正理解和把握中华历史、文化的精神的。即使在近代，佛教哲学对一大批资产阶级思想家也仍有极深的影响。而时至今日，中华大地上也还有数不胜数的名山大川、文物古迹和民俗风尚等，是与佛教文化紧密联系在一起的。

中国佛教与印度佛教相比较，有许多不同的特点，而其中最重要的一点，就是中国佛教不断地向简易方向发展。《周易·系辞》说："易简之善配至德""易简而天下之理得矣"。崇尚简易，这大概是中国人理论思维上的一大特点。因此，烦琐的佛教理论如果不进行一番简化的话，是不易为中国人所接受的。唐玄奘企图尽量恢复和保存印度佛教的原貌，他的佛经翻译忠实于原著，他所创立的法相宗，也力求保持大乘"瑜伽行"派的特色。但结果是，同一原典的汉译本，他的译本不如鸠摩罗什的译本流行，他所创立的法相宗两传以后就式微了。天台宗和华严宗在理论上都是融合了大乘空有二宗，通过综合简化，发展了大乘的哲学思想。但总的讲来，其理论体系也还是相当庞大和烦琐的，不易为一般信仰者所把握。所以，唐以后这二宗的传承也仅能不绝如缕而已。相反，以简易著称的禅宗和净土宗，则在我国得到了充分的发展。唐五代以后的佛教，主要是禅宗，或禅净合一者。由是，宋以后，禅学与佛教（学）成了同一含义的概念，谈禅也就是谈佛。

禅宗是中国佛教创造性的发展。从理论上讲，中国禅宗的产生，就是为了反对佛教的烦琐哲学的。他们提倡以实修为主，不落言诠，不立文字。相传为中国禅宗创始人六祖慧能说法的记录，以后为禅宗奉作经典的《坛经》，就是综合了大乘空有二宗最基本的观点，以极其简练的语言（全文仅1万余字）表达出来的，唯一被称为"经"的中国著作。而在实修上，中国禅宗也改变了那种脱离现实世界，尤其是脱离现实自我的静坐求净的方法。他们认为，人人具有的佛性本来清净无为，没有烦恼缠缚（即所谓"本来无一物，何处惹尘埃"）。因此，人们一旦觉悟到自己的本性本来清净无为，也就得到了彻底的解脱。禅宗在开导人时，特别强调个人的主动性，他们认为，自性只能自觉，他人的觉悟不能替代自己的觉悟，别人至多只能引导一下。因此，禅宗大师从不告诉弟子们现成的结论，而总是用各种方法和手段去启发弟子们自己进行思考，想出解决问题的办法，得出自己的结论。这些方法和手段中，就有人们熟知的"棒喝""参公案""看话头"等。这里面虽有不少神秘主义的色彩，但也有一定的启发智力的作用。另外，禅宗要求人们做自家主人，不迷信权威（包括佛陀、祖师和佛典），这对解放思想也是有积极意义的。至今，禅宗思想在东西方社会中，还有着很大的吸引力，不少学者对之有浓厚的兴趣。

佛教大约于公元4世纪时由中国传入朝鲜半岛。其时，朝鲜半岛三国（高句丽、百济、新罗）不断从中国输入佛经，并派遣高僧来中国求法，中国的各宗派亦先后传入,并由此建立起自己的佛教宗派。先是有"五教"的成立(涅槃、戒律、法性、华严、法相),公元8世纪后禅宗传入,也有了教宗之分。朝鲜半岛的佛教,在其发展过程中,也产生了不少的高僧和名著。如高丽僧义渊,新罗僧圆光、慈藏、义湘、元晓、圆测、道义等皆为最著名者。义湘、元晓都深通华严,前者被尊为朝鲜华严初祖,后者被尊为"海东师",其所著之《华严经疏》《大乘起信论疏》等,世称为"海东疏",对华严思想甚有发明。今天,佛教在韩国仍然十分盛行。

佛教大约于公元6世纪时首先由百济传入日本。经圣德太子大兴佛法,佛教在日本扎下了根。公元7世纪初,日本遣小野妹子使隋,并派留学僧数十名随行求法,开始由中国传入佛教。奈良朝时期,是由唐朝输入的佛教,当时有六个主要宗派,史称"南都六宗"(三论、法相、华严、律宗、俱舍、成实)。平安朝时期,留唐高僧最澄和空海,回国后分别创立了天台宗和真言宗。此时,日本佛教开始谋求与本土传统文化(神道)的调和,出现了所谓的本地垂迹说,即宣称佛为神之本体,神是佛的化身。这种情况,在佛教初传入中国时也发生过。当时也有所谓老子西去化为佛,佛遣三大弟子来中华传教,分别化为孔子(儒童菩萨)、颜回(月光菩萨)、老子(摩诃迦叶)

等。至镰仓时代，又增加了净土宗、真宗、日莲宗、禅宗四宗。真宗、日莲宗是日本独有的宗派，真宗本是净土宗的支派，为亲鸾所开创，此派因承认和尚可以吃荤、可以娶妻受到欢迎，以后并为日本各宗派所接受。日莲宗以标榜恢复天台教义而创此新宗，鼓吹"唱题成佛论"，提倡念"南无妙法莲华经"的修行方法。禅宗是这一时期佛教的主流，得到幕府武士们的特别青睐，是武士的精神支柱，因此十分兴盛。留宋高僧荣西为日本禅宗之始祖，开创了具有日本特色的临济宗，其再传弟子道元留宋回国后则开创了曹洞宗。禅宗在日本获得新的发展，把参透"无"字放到最突出的地位，形成其自己的特征。20世纪初，日本禅宗经过铃木大拙等人传播到欧美，在西方引起了一股"禅宗热"。此热不仅至今不衰，且呈日趋高涨之势。

越南是佛教传入中国的通途之一，早期受印度佛教的影响比较大，公元8世纪以后则主要受中国佛教的影响。李朝是越南佛教的黄金时代，传播的主要是禅宗。后黎王朝时，大力推行崇儒抑佛的政策，佛教遂日趋衰微，此后亦未能再兴。

| 4 |

东西文化的交流，可以说自古有之。中国古代"丝绸之路"，远达希腊、罗马。《汉书》中所记之"大夏"系指希腊人所建之国，"大秦"则指罗马帝国。古印度与希腊、罗马也早有交流，现存汉译佛典中，有一部名叫《那先比丘经》的经（巴利文佛典中也有，名叫《弥兰陀王问经》[Milindapanha]），讲的是弥兰陀王（公元前2世纪左右支配西北印度的希腊人国王）在与那先比丘的问答后，皈依佛教的故事，记述了古印度与古希腊之间的文化交流。公元16世纪起，欧洲资本主义向亚洲开拓殖民地，进行掠夺。同时，罗马教廷也派遣天主教耶稣会士来亚洲传教，东西开始了一种新的交流。至公元19世纪，东南亚大部分国家沦为殖民地，中国和日本的闭关锁国政策也被彻底打破，从此是东西文化的开放的、全方位的交流。

由于历史的原因，又因我们身处东方，人们往往把主要的注意力放在西方文化、哲学对东方和中国的影响，而对交流中东方文化、哲学在西方引起的反响则反而疏于考察。因此，我想就后者做一极其简要的介绍，或许能触发起人们对东方文化、哲学价值的重新思索。

中国"四大发明"(造纸、指南针、印刷术、火药,加上中医是"五大发明")对世界文化的贡献,是小学课本上就有的。现在,人们谈论的则是李约瑟的《中国科学技术史》和坦普尔的《中国的创造精神:中国的一百个世界第一》。从这两本书中,我们可以看到,中国人的智慧是如何令西方吃惊、敬佩和着迷的。谈论这些,当然不是为了叫青年人在光荣的历史中自我陶醉,相反是要把它当作清醒剂,使我们得以全面地认识一下自我,激励我们去创造一个无愧于民族历史的新时代的自我。

对于儒家文化,人们议论纷纷,捧之者捧杀,骂之者骂杀,各自言之成理,持之有故,然而谁也驳不倒谁,谁也说服不了谁。这就说明,捧杀也不行,骂杀也不行。与其在捧杀与骂杀的唇枪舌剑中打转转,不如在现实生活中择善而从,为我所用,察其实际之功效而取舍之。儒家的政治思想和哲学理论,曾对公元17世纪、18世纪欧洲的启蒙运动时期许多思想家和政治家产生过巨大影响。如法国的伏尔泰、狄德罗、卢梭、霍尔巴赫等,都对中国文化有浓厚的兴趣,尤其是伏尔泰对孔子儒家思想推崇备至。他在《哲学辞典》"中国"条中写道:"我读孔子的许多书籍,并做笔记,我觉着他所说的只是极纯粹的道德,既不谈奇迹，也不涉及虚玄。"李约瑟在《中国文明》的讲演中说："当余发现18世纪西洋思潮多系溯源于中国之事实，余极感欣忭。……吾人皆知彼启蒙时期之哲学家，为法国大革命及其后诸种进步运动导其先河者，固皆有感于孔子之学说，而曾三复致意焉。"至于德国的莱布尼茨对于《周易》和宋明理学的特殊兴趣，已为人们所熟知，就不必详说了。亚洲儒家文化圈的日本和"四小龙"在经济上的成功，儒家与现代工业社会的问题，正在引起世界性的关注与研究。

欧美国家的许多科学家（包括自然学家和人文科学家），运用东方哲学研究现代科学问题，已做出了许多成绩。20世纪80年代初风行美国的《物理学之道》，用道家和禅宗思想来探讨现代物理学上的各种问题。而用儒家、道家、佛教（主要是禅宗）理论来研究人的问题、心理学问题、认识论问题，则更是不胜枚举。即以大家所熟知的存在主义来说，如果你对中国道家老庄思想一无了解的话，是无法把握其真谛的。这一切证明，古老的东方智慧不仅魅力犹存，而且有自我调节以适应时代的生存能力。

第三讲

中国传统哲学的思维底蕴

哲学是一种形而上的学问。在哲学中，除了价值观念，最核心的就是思维方式问题，我们做任何事情，都要面对怎样去解释、认识等问题。中西哲学的差别，不是简单的形式上的差别，而是类型上的差别。要把握数千年的中国传统文化，就要懂得中国传统哲学的特点，这样才不至于雾里看花、隔靴搔痒。

| 整体关联 |

中国人的思维方式非常注重整体关联。任何事物都不是孤立的，而是关联在一起的。事物的任何一个部分，都不能孤立到整体之外去，更不能用它来说明整体的问题。只有把部分放到整体中，才能正确认识它。部分在整体里的任何变化，都会直接影响到整体，整体的变化也同样会影响到各部分。这就像太极图一样，图中有阴，也有阳，阳长阴消，阴长阳消，而阴阳又是互根的，阴中有阳，阳中有阴，阴离不开阳，阳离不开阴。正因为如此，中国的思维方式不是简单的非此即彼，而是强调此离不开彼、彼离不开此，此中有彼、彼中有此，此会转变为彼、彼会转变为此。总之，彼此是一个整体。在古人心目中，不论事物、现象有多么复杂，都可以用"道"来贯通。可以说，中国文化就是"道"的文化，孔子讲"士志于道"。我们要求道、悟道、证道、传道，用"道"来贯通一切。汉代河上公注的《老子》很有意思，他认为《老子》中的很多道理既可以用在修身上，也可以用到治国上。"论病以及国，原诊以知政"，这句话是说我们可以把对人体的认识运用到政治团体上，人体是"体"，集体不也是"体"吗？

贺麟先生说过："儒学是合诗教、礼教、理学三者为一体的学养，也即艺术、宗教、哲学三者的谐和体。"不仅古代中国文化如此，从全世界来看都一样，从源头上来讲学科不可能分得那么细。像柏拉图、亚里士多德等古代的学者都不只是某一学科的专家，他们都是通才。

| 动态平衡 |

中国传统文化强调中庸之道，为什么要讲"中"呢？因为"中"就是保持事物的平衡。如果失去了平衡，就会产

生偏差。"中"即适度，既不过，也没有不及。事物的平衡不是静态的、固定不变的，而是变动的、相对而言的。在这个时间、地点取得了平衡，到了下一个时间、地点又不平衡了，又得再调整，达到新的平衡，这就是动态平衡。比如，中医认为，一切疾病都来自于身体阴阳的失衡，也就是偏离了中道。一个人的身体，由于内伤和外感，阴阳也就不断地处于不平衡的状态。有些外感是无法避免的，所以我们要注意调整自己的生活，以适应外界的各种变化，从而达到一个相对平衡的状态，这样才能保持自己身体的健康。

章太炎讲过，西方哲学关注的是物质世界，物质世界相对来讲是静止的，因此可以对它进行细致的、精确的、静态的分析；中国哲学关注人，人世间的事情是变动不居、瞬息万变的，不可能用静止的方法，而只能用动态的方法来整体把握。近一百年来，我们都在用实证科学的方法来研究人文，而现在情况有逆转的倾向，自然科学开始引进人文方法来开展研究，也关心整体关联、动态平衡，并注重个体差异。

| 自然合理 |

中国文化主张自然合理。只有符合事物的本来状态，

才是最合理的，这就是自然合理。这里的"自然"，是指自然而然，是万事万物的本然状态。自然合理就是中国的科学思想，它强调一切都要合乎事物的本性。从大禹治水到李冰治水，其指导思想就是顺其自然、自然合理。大禹看到水总是要往下流，就疏通河流，让水能够顺畅地流下去，所以水就治好了。李冰看到水位是波动的，就不用死的、硬的坝栏，而是在竹篓子里装上石头，放在水里，随着水波流动，它也会起伏。顺其自然的思想，适用于一切方面，既适用于个人、社会，也适用于整个大自然。不顺其自然，个人、社会、大自然都会得病。同时，大自然本身也在不断调整，我们要顺应它本身的发展趋势，帮助它取得平衡，而不是去破坏平衡。

现实中的人和人是有差别的。荀子曾引用《尚书》中的"惟齐非齐"来谈他对平等观念的理解。孟子说过"物之不齐，物之情也"，如果都按照同一个标准去对待万物的话，那当然就"不齐"了。究竟是"齐"，还是"不齐"，不能只看表面现象。"惟齐非齐"四个字背后蕴涵着自然合理的思维方式。先秦儒家讲"惟齐非齐"；宋明理学家讲"理一分殊"，其根本精神是一致的。"等闲识得东风面，万紫千红总是春"，这是对"理一分殊"哲学思想的形象化表达。

自然合理就是要顺应事物的发展规律，并尊重事物的个性。自然合理的一个重要特点就是个性化，这跟现代科学的普遍适用于万物的标准化不一样，它注重的不是一般性，而是主张要符合事物的特殊性，不是用一个统一的、量化的标准去规定，而是针对事物的特点灵活、多角度地处理问题。西方近代的思维方式是科学合理，把普适性放在第一位。但事实上科学上的真理也是在一定的范围内才适用，离开这个范围就不适用了，比如说，牛顿的经典力学就只适用于宏观物体低速运动的情形。

客观世界是很复杂的，是整体关联、动态平衡的，要达到自然合理才能相对符合事物的特性。随着现代科学的发展，人们也发现越符合事物的本然个性，就越合理。

第四讲

中国文化中的艺术精神

记不清是哪位前辈说过这样一句话：中国文化是艺术的文化。我总觉得，这是一句十分精粹的话，只有深得中国文化的"三昧"的人才说得出来。

据我的体会，这里所以称中国文化为"艺术的文化"，决不仅仅是指我国传统文化中拥有的那些丰富多彩的艺术样式和作品，而主要是指贯穿于我国文化传统中的那种艺术精神。

对于中国文化之富于伦理精神，已为世人所广泛了解，且论之者在在皆是；而相比之下，世人对于中国文化之富于艺术精神的了解，则显得很不够，且论之者亦不多。其实，在中国文化传统中，伦理精神与艺术精神如车之两轮、鸟之两翼，是相辅相成、相得益彰的。从某种意义上讲，中国传统道德所追求的最高境界是一种艺术的境界，而传统艺术的重要功能则是在陶冶性情、潜移默化之中以助理想人格的完成。因此，在中国传统文化中，道德修养和艺术修养是人生修养的两个不可或缺的方面，而道德修养和艺术修养的程度如何也就被视作一个文化素质高下的体现。

冯友兰先生曾说："儒家以艺术为道德教育的工具。"徐复观先生则说："由孔子所显出的仁与音乐合一的典型，这是道德与艺术在穷极之地的统一。"他们的论述都揭示了儒家文化中重视艺术教育和把艺术与道德高度统一起来的特征。先秦时代的艺术教育主要是"诗教"和"乐教"。对于诗，孔子认为，读诗可以感发起心志，提高观察力，培养合群性，学到表达感情的方法。而诗中所讲的道理，近则可以用来事奉父母，远则可以用来服侍君上。此外，读诗还可以多多认识鸟兽草木的名称。(《论语·阳货》："《诗》，可以兴，可以观，可以群，可以怨。迩之事父，远之事君；多识于鸟兽草木之名。")所以他教训儿子伯鱼说："不学诗，无以言。"又说，一个人如果不研读《诗经》中的《周南》《召南》，那就会像面对着墙壁而站着什么也看不见，一步也进不了。(《论语·阳货》："人而不为《周南》《召南》，其犹正墙面而立也与？")对于乐，孔子尤为重视，总是把它与礼相提并论，甚至认为乐在某种意义上更可以体现善与美（道德与艺术）的统一。比如，他赞叹韶乐说："韶尽美矣，又尽善矣。"以至于当他在齐国听到韶乐后，竟"三月不知肉味"，而且无限地感叹道："不图为乐之至于斯也！"所以，对于诗、礼、乐三者的关系，孔子是这样来论述的："兴于诗，立于礼，成于乐。"这里，他把乐放在礼之后，是把乐看作人格完成的最高境界。

道家，尤其是《庄子》书中所向往的人生境界中蕴涵着的艺术精神，对于中国文化的艺术精神的发展有着极其重要的影响。不过，道家文化中的艺术精神在老庄时代并未达到自觉的程度，而是经由魏晋玄学和其时的艺术理论家的阐发才得以发扬光大，并达到自觉的。徐复观在比较分析儒、道两家思想中的艺术精神时说：

> 儒道两家，虽都是为人生而艺术，但孔子是一开始便有意识地以音乐艺术为人生修养之资，并作为人格完成的境界。因此，他不仅就音乐的自身而言音乐，并且也就音乐的自身以提出音乐的要求，体认到音乐的最高意境。因而关于先秦儒家艺术精神的把握，便比较明显而容易。庄子则不仅不像近代美学的建立者，一开始即以美为目的，以艺术为对象，去加以思考、体认。并且也不像儒家一样，把握住某一特定的艺

术对象抱定某一目的去加以追求。老子乃至庄子，在他们思想起步的地方，根本没有艺术的意欲，更不曾以某种具体艺术作为他们追求的对象。……他们只是扫荡现实人生，以求达到理想人生的状态。他们只是把道当作创造宇宙的基本动力，人是道所创造，所以道便成为人的根源的本质……从此一理论的间架和内容说，可以说'道'之与艺术，是风马牛不相及的。但是，若不顺着他们的思辨的形而上的路数去看，而只从他们由修养的功夫所达到的人生境界去看，则他们所用的功夫，乃是一个伟大艺术家的修养功夫；他们由功夫所达到的人生境界，本无心于艺术，却不期然而然地会归于今日之所谓艺术精神之上。也可以这样说，当庄子从观念上去描述他之所谓道，而我们也只从观念上加以把握时，这道便是思辨的形而上的性格；但当庄子把它当作人生的体验而加以陈述，我们应对于这种人生体验而得到了悟时，这便是彻头彻尾的艺术精神。……但因为他们本无心于艺术，所以当我说他们之所谓道的本质，实系最真实的艺术精神时……乃就艺术精神最高的意境上说。人人皆有艺术精神，但艺术精神的自觉，既有各种层次之不同，也可以只成为人生中的享受，而不必一定要落实为艺术品的创造。……所以老庄的道，只是他们现实的、完整的人生，并不一定要落实而成为艺术品的创造。（《中国艺术精神》）

徐复观先生的分析深刻透彻，我是非常赞同的。

魏晋玄学融会儒道，进一步沟通了宇宙根本和人生境界。王弼言圣人体无而有情，嵇康标越名教而任自然。他在《释私论》中说："矜尚不存乎心，故能越名教而任自然；情不系于所欲，故能审贵贱而通物情。物情通顺，故大道无违；越名任心，故是非无措也。"郭象唱身居庙堂而心寄山林。他在《逍遥游注》中说："夫圣人虽在庙堂之上，然其心无异于山林之中。"特别是玄学提倡的"得意忘象"（王弼）"寄言以出意""求道于言意之表"（郭象）等思想方法，开启了中国艺术以"立意""传神""求韵味"为上的根本精神。在玄学思维方法的影响下，中国的艺术内涵丰富，具有深邃的哲理性；中国的哲理则语言简约，富于生动的艺术性。深邃的哲理性和生动的艺术性浑然一体，构成了中国传统文化的鲜明特性和基本精神。中国佛教中禅宗思想之富于哲理性与艺术性，早为世人所共知，当无需多说。对于理学，人们多以为其间只有一通正言厉色、枯燥无味的道德教训。其实，只要我们稍稍选读一些周敦颐、张载、程颢、程颐、邵雍、朱熹、陆九渊、王守仁等著名理学家的著作，以及有关的传记，即可处处感受到他们借诗文以载道（周敦颐《通书二·文辞》："文所以载道"），谈文艺以明道（陆象山《陆九渊集》卷三十四语录上："文所以明道"）的力量，而在他们的处世行事中、人生境界的追求中也极富于艺术的精神。所以，理学在融哲理与艺术于一体方面，在发展中国文化的艺术精神传统方面，决不亚于先秦之儒学、魏晋之玄学和唐宋之禅学。

艺术精神的养成是离不开艺术实践活动（创作和欣赏）的，但艺术精神高于艺术实践活动。艺术精神不仅指导着各种艺术实践活动，而且经过理论的提升和认识的自觉，渗透于社会、人生的各个领域。在这一层次上，中国文化中的艺术精神更主要地体现为一种对社会、人生意义的理解和价值的判断；对社会、个人生活态度和方式的思考；对理想社会、完善人格的追求；乃至于对处世（人际关系等）、行事（政治、经济、军事等）方法的把握与运用等等。

艺术活动，无论是创作还是欣赏，都是一个人内心感情最直接的表露。以乐为例,《礼记·乐记》言:"诗言其志也,歌咏其声也,舞动其容也。三者本于心,然后乐气从之。是故情深而文明,气盛而化神;和顺积中,而英华发外,唯乐不可以为伪。"这反映了他对人生的理解与追求。艺术创作中立意的正邪,欣赏趣味中格调的高低,也就会直接反映出或影响到一个人品格和境界的正邪与高低。因此,通过艺术修养培养起高尚的艺术欣赏趣味来,对于高尚人格、理想人生境界的追求和确立是有重要的积极的意义的。为什么这里只提出培养高尚的艺术欣赏趣味呢?这是因为:一则创作立意是离不开欣赏趣味的;二则创作或要有某种天分或要有一定的专门训练,不是每一个人都可以为之的,而欣赏则人人在领受和多少能够为之的。因此,把欣赏提高到自觉的程度,培养高尚的欣赏趣味,乃是最基本的和第一位的。追求艺术的完美与追求人生的完美,在其终极之相会合,这就是中国文化中艺术精神的体现。

没有创造就没有艺术,创造精神是艺术的灵魂。不仅是艺术作品的创作中有创造,就是在艺术欣赏中同样也有创造。古人说:"诗无达诂"(董仲舒),"含不尽之意,见于言外"(梅尧臣),"古画画意不画形"(欧阳修)。这就是说,言象只是一种表意的工具,作诗作画者可以此言象来表达其心中之意，赏诗析画者也可以此言象来表达其心中之意，赏诗析画者也可以此言象来契会其心中之意。作者心中之意与赏者心中之意不一定相同，也不必相同。欣赏者完全可以按照自己的感受去理解诗画中的意境，无需受创作者所寄之意的限制。这就是欣赏者的创造。而且我们可以看到，这种创造中又有着鲜明的个性。发扬中国文化中的艺术精神，最根本点就是要发扬这种主动的创造精神。

艺术的完美离不开和谐，和谐精神是艺术的根本目标。艺术家对于画面的经营布置，诗句的平仄对仗，乐章的高低缓急，无不煞费苦心，这从一种意义上说都是为了达到某种完美的和谐。艺术作品所达到的和谐程度如何，反映出艺术家水平的高低。因此也可以反过来说，经营布置已达到完美的和谐，就是一种艺术创作活动。在中国传统文化中，以"执其两端，用其中于民"为至德，正是充分地把握和运用了这一艺术精神和技巧去处理人事世务的体现。

艺术的视野，给人以旷达与平静；艺术的幽默，给人以智慧与轻松。多一点艺术精神，将给人生增添无尽的生气活力，将给社会带来普遍人格的提升和生活秩序的和谐。

第五讲

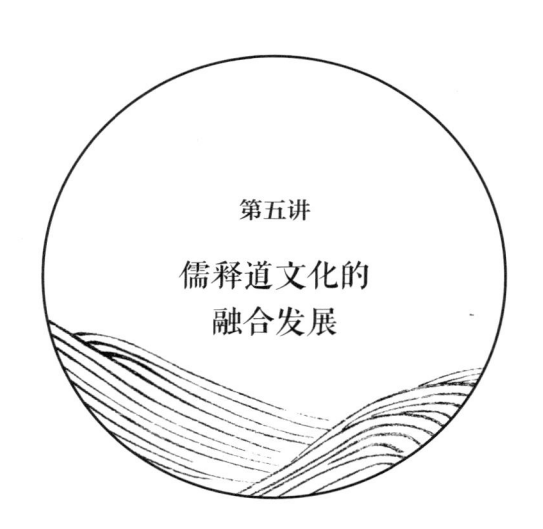

儒释道文化的融合发展

中国文化源远流长，博大精深。在其长期的历史发展过程中，不仅产生了众多的本土学派，也不断有外来文化的传入，这些不同的学派和文化，在矛盾冲突中相互吸收和融合，其中有的丰富了、发展了、壮大了，有的则被吸收了、改造了、消失了。大约从东晋开始至隋唐时期，中国文化逐渐确立了以儒家为主体，儒释道三家既各自独标旗帜，同时又合力互补以应用于社会的基本格局。中国文化的这一基本格局，一直延续到了19世纪末，乃至20世纪初，历时1600年左右。所以，可以这样说，中国传统文化是儒释道三家鼎足而立、互融互补的文化。但是由于儒家长期被封建统治者尊奉为正统这一事实，一部分学者常常只强调以儒家作为中国文化的代表，而忽视或轻视佛道二家在中国传统文化中的巨大作用。这种观点，过分偏重于中国文化中的政治制度和宗法伦理层面，并把其他层面的文化现象也都纳入政治和伦理的框架中去考察和理解。这就把丰富多彩、生气勃勃的中国文化描绘得单调枯燥、死气沉沉了，显然是不够全面的。所以，无论从哪一个角度来考察中国文化，撇开佛道二家是无法理解中国文化的多彩样式和丰富内容的，更是无法全面深刻把握中国文化的真正精神的。

需要说明的是，这里所说的儒释道，主要不是指原始形态意义上的儒释道，而是指随着历史的前进，不断融摄了其他学派思想，并具有鲜明时代特征的发展了的儒释道。因此，我们要比较准确和深入地把握中国文化，就必须了解儒释道三家各自发展的脉络，以及三家之间的纠葛——矛盾斗争与调和融合。

| 1 |

在我国历史上，西周以前学在官府，东周以后，学术逐步走向民间，春秋后期已出现颇有社会影响的儒家、墨家等不同学派，而至战国中期，则出现了诸子"百家争鸣"的局面，学派纷呈，学说丰富多彩，为中国文化的发展奠定了宽广的基础。根据司马迁在《史记》中引述的其父司马谈对学术流派的见解，他把先秦以来的学派总归纳为"六家"，即：阴阳、儒、墨、法、名、道德。司

马谈引用《系辞》"天下同归而殊途，一致而百虑"的说法，认为这"六家"的学说都是为安邦治国，他们各有所见，也各有所偏。而由于当时社会上崇尚黄老之学，司马谈也标榜以道家学说统摄各家。他认为，道家"因阴阳之大顺，采儒墨之善，撮名法之要"，所以能"与时迁移，应物变化，立俗施事，无所不宜"。总之，道家是"指约而易操，事少而功多"。然而，班固在《汉书》中则把先秦以来的学派归纳为"十家"，即：儒、道、阴阳、法、名、墨、纵横、杂、农、小说。但接着他又说，"十家"中"可观者九家而已"（即除去小说家），而各家则都是"各引一端，崇其所善"。他同样也引用了上述《系辞》的话，不仅认为各家学说都有其所长和所短，而且还强调说："其言虽殊，辟犹水火，相灭亦相生也"，"相反而皆相成也"。由于当时社会已以儒学为上，所以班固也竭力推崇儒家，认为儒学"于道最为高"。

这两位杰出的史学家、文学家、思想家，一位论"六家"，以道家为统；一位明"九家"，以儒家为高。他们观点的不同，如前所说，反映了不同时代的学术风尚和他们个人不同的学术师承背景。而他们之所以分别揭橥出道家和儒家为诸子百家的统摄者，如果从学术发展的内在规律分析，正是反映了在诸子百家众多的学派中，儒道"二家"思想是最为丰富的。不仅如此，儒道"二家"还具有极大的包容性和自我发展、不断更新的内在机制，所以逐渐成了诸子百家众多学派的代表者。

事实上，自战国中期以后，学术界就呈现一种纷繁复杂的情况。一方面是各学派内部的大分化；另一方面，与此同时也出现了一股各学派之间相互渗透、彼此融合的发展趋势。中国文化就是在这诸子百家的学派分合之中不断地发展和丰富起来的。

两汉是儒道"二家"广泛吸收诸子百家，充分发展自己、丰富自己，并确立自己作为中国文化代表学派地位的时期。

汉初统治者为医治秦末苛政和战乱造成的社会民生极度凋敝的状况，采用了"简政约法、无为而治、与民休养"的政策以恢复社会的生机。与此相应，在文化思想上则大力提倡道家黄老之学。此时的道家黄老之学，处于社会文化思想的代表和指导地位，所以他必须处理好与其他各个不同文化思想学派的关系问题。社会对思想文化的需要是多样的、丰富的，而不是单一的，然而诚如许多中国思想家所说的，这种多样性又需要"统之有宗，会之有元"（《周易略例·明象》），即需要有一个为主的指导者。不过，这种"统"和"会"绝不是以一种样式去排斥或替代其他的样式。因为，如果把其他样式都排斥掉了，只剩下了自己一种样式，那也就不存在什么"统"和"会"的问题了。汉初道家黄老之学，正如司马谈所描述的，它广采了阴阳、儒、墨、名、法各家之长，正是这种容纳、吸收和融合的精神，使得道家学说不仅成为当时社会的指导思想，同时也成为整个中国文化精神的集中代表者之一。

儒家之所以能成为中国文化的主要代表者，也有着与道家的相同经历。汉初儒家受荀子学说影响很大，如"六经"之学中的易、诗、礼、乐等学，都有荀学的传承，而荀子礼法兼用的思想也普遍为汉儒所接受。西汉大儒董仲舒建议武帝"诸不在'六艺'（'六经'）之科，孔子之术者，皆绝其道，勿使并进"，为以后武帝"罢黜百家，独尊儒术"之所本。然而，从董仲舒本身的思想来说，也早已不是单纯的原始儒学了。他不仅大力倡导礼法、德刑并用的理论，而且大量吸收墨家的"兼爱""尚同"理论，乃至墨家某些带有宗教色彩的思想。而更为突出的是，在他专攻的春秋公羊学中，充满了阴阳家的"阴阳五行"学说，使"阴阳五行"思想成为儒家学说中的一个有机组成部分。班固在《汉书》中评述说，"董仲舒治公羊春秋，始推阴阳，为儒者宗"，就明确地指出了这一点。由此可见，经由董仲舒发展而建立起来的汉代儒学，如同汉初的道家黄老之学一样，也是广采了阴阳、墨、名、法、道各家之长的。同样也正是这种容纳、吸收和融会的精神，使儒家学说不仅成为当时社会的指导思想，同时也成为整个中国文化精神的集中代表者之一。

儒释道三家代表人物

| 2 |

道家思想的核心是"无为",主张顺自然、因物性;而儒家思想的核心是"有为",强调制名(礼)教、规范人性。这两种类型思想的不同和对立是显而易见的,而两者在历史上相互补充、相互吸收以构成中国文化的基本格局、中华民族的主要精神,同样也是显而易见的。诚如班固所说,"其言虽殊,辟犹水火,相灭亦相生也","相反而皆相成也"。同时必须说明的是,儒道"二家"的核心思想也不是绝对不可调和或相互融摄的。

人们经常把道家的"无为"理解为一种消极逃避、什么都不去做的主张。其实,这是很不全面,也不十分准确的。应当指出,在道家内部存在着消极"无为"和积极"无为"两种不同的学说,他们对于"无为"思想精神的理解是很不相同的。道家的庄子学派总的说来比较偏向于消极的无为,他们追求一种"堕肢体,黜聪明"的"坐忘"(《庄子·大宗师》)和"形如槁木""心如死灰"的"吾丧我"(《庄子·齐物论》)的自我陶醉的精神境界。而道家的老子学派所说的"无为"就不完全是消极的了。老子所谓的"无为",主要是"辅万物之自然而不敢为"(《老子·第六十四章》)。他强调的是"生而不有，为而不恃，长而不宰"(《老子·第五十一章》)，和"不自见""不自是""不自伐""不自矜"(《老子·第二十二章》)，即不自作聪明、不自以为是、不自居功劳、不自我夸耀。所以，老子的"无为"并不是什么也不为，而是主张为而不恃，是要以退为进、以曲求全、以柔胜刚。荀子在批评庄老"二家"学说时，一则说"庄子蔽于天而不知人"(《荀子·解蔽》)，一则说"老子有见于诎（曲），无见于信（伸）"(《荀子·天论》)，对于二者思想精神的不同之处，抓得相当准确，点得十分明白。

韩非在吸收老子"无为"思想时，强调的只是君道的"无为"，而臣道是应当"有为"的。韩非认为，君主的任务主要是把握原则、任用百官，如果事必躬亲，不仅忙不过来，也做不好，而更严重的是，它将极大地妨碍和打击臣下百官的工作积极性和主动性。所以，君道的"无为"可以更好地发挥臣下的积极性和主动性。

汉初黄老之学所强调的"无为而治"，又进一步表彰臣道的"无为"。汉初的主要政治经济政策是与民休养生息，强调尽可能少地去扰民，充分调动和发挥百姓们的积极性和主动性，以利社会秩序的稳定和经济的复苏。汉初黄老之学同时表彰臣道"无为"，正是出于这样的背景。

今存《淮南子》一书中，保存了不少汉初黄老的学说，其中论及"无为"思想处，有许多积极的方面。如其说："无为者，非谓其凝滞而不动也，以言其莫从己出也。"（《淮南子·主术训》）"若吾所谓无为者，私志不得入公道，嗜欲不得枉正术，循理而举事，因资而立，权自然之势，而曲故不得容者。事成而身弗伐，功立而名弗有，非谓其感而不应，攻而不动者。"（《淮南子·修务训》）总而言之，"所谓无为者，不先物为也；所谓无不为者，因物之所为也。所谓无治者，不易自然也；所谓无不治者，因物之相然也"（《淮南子·原道训》）。这里所讲的"无为"，都具有相当积极的含义，是很值得我们注意的。

由此可见，道家的"无为"思想并不是与"有为"截然不相容的，而从其积极精神方面讲，道家的"无为"是为了达到更好的"有为"，乃至于无不为。

同样，儒家的"有为"思想也不是截然排斥"无为"的。儒家主要经典《论语》，也记载有孔子称颂天道自然"无为"的言论，如说："天何言哉？四时行焉，百物生焉，天何言哉！"（《论语·阳货》）同时，他也赞扬效法天道"无为"的尧与舜，如说："大哉尧之为君也！巍巍乎！唯天为大，唯尧则之。荡荡乎！民无能名焉。巍巍乎！其有成功也；焕乎，其有文章！"（《论语·泰伯》）

又说:"无为而治者,其舜也与!夫何为哉?恭己正南面而已矣!"(《论语·卫灵公》)儒家对于自然界的法则也是极为尊重的,强调人类在生产活动中一定要按自然界的法则去行动。如荀子说:"养长时则六畜育,杀生时则草木殖。""草木荣华滋硕之时,则斧斤不入山林,不夭其生,不绝其长也。鼋鼍、鱼鳖、鳅鳝孕别之时,网罟、毒药不入泽,不夭其生,不绝其长也。春耕、夏耘、秋收、冬藏四者不失时,故五谷不绝而百姓有余食也。污池、渊沼、川泽谨其时禁,故鱼鳖优多而百姓有余用也。斩伐养长不失其时,故山林不童而百姓有余材也。"(《荀子·王制》)这些防止人类有为活动的随意干预,积极尊重自然法则的无为思想,是儒道"二家"一致认同的。

| 3 |

力图把儒道"二家"思想融通为一,而且获得相当成功的,是魏晋时代的玄学。中国传统文化是一种具有强烈现实性和实践性性格的文化,中国传统哲学所讨论的理论问题,主要是那些与现实实际生活密切相关的实践原则。即使像被人们称之为"清谈""玄远"的玄学,也不例外。人们所熟知的,玄学讨论的有无、本末、一多、动静等抽

象理论问题，其实无一不与解决名教与自然的关系这一现实的社会、人生问题有关。

所谓名教与自然的关系问题，也就是社会规范与人的本性的关系问题。众所周知，任何一个人都是生活在一定的社会经济、政治、人际等关系之中的，要受到社会职业、地位、法律、道德等的制约，所以人都是社会的人。但同时，每一个人又都是有其各自的性格、独立的精神世界和意志追求的，所以人又都是个体的人。人的这种两重性，构成了现实生活中社会和个人之间复杂的矛盾关系。探讨个人与社会的矛盾关系，是古今中外思想家、哲学家最为关心的问题之一。而在中国传统哲学中则尤为关注，可说是它的一个中心议题，有着极为丰富的理论。我们在上面提到过，儒家强调制名（礼）教以规范人性，道家则主张顺自然而因物性。所以，名教与自然分别是儒道二家的理论主题和争议焦点之所在。

儒家认为，社会的人重于个体的人，个人服从社会是天经地义的事，因而着重强调个人对于社会的责任和义务。所谓名教者，即是用伦理规范和法律制度规定每一个人在社会上的名分地位，以及与其名分地位相应的应尽的社会责任和义务。然后，以此去要求和检验社会每一个成员的行为，进而达到协调人际关系，安定社会秩序的目的。所以，当子路问孔子说："卫君待子而为政，子将奚先？"孔子毫不犹豫地回答说："必也正名乎！"把重新确定社会成员的名分问题，作为"为政"的第一大事。而孔子在回答齐景公问政时所说的"君君、臣臣、父父、子子"，则正是"正名"的具体内容和期望达到的社会效果。儒家名教理论产生于封建时代，是为维护封建统治秩序服务的。所以，在近代反封建的革命中受到激烈的抨击是完全理所应当的，毫不奇怪的。不过我们说，把社会的某一个（或某一部分）成员定死在某一固定的名分地位上，不许其变动，这是不合理的，也是在实际上做不到的。我国古代思想家早就认识到了"社稷无常奉，君臣无常位，自古以然"这样一个真理。但同样不可否认的是，社会中的每一个成员，在一定的时间空间中，又必定是处于某一确定的名分地位之中的。而在一定的社会历史背景下，如果社会的每一个成员都不能各安其名位，各尽其职责，那么这个社会肯定是不会安宁的，也是不可能发展的。所以，在一定的社会历史背景下，社会成员的各安名位、各尽职责是社会发展和前进的必要条件。从这一角度讲，儒家的名教理论也还是有其一定的合理之处的。此外，还需说明一点的是，儒家名教理论也不是绝对排斥个人作用的。就其强调调动每个人的道德自觉性这一点来说，儒家比任何其他学派更重视个人的主观能动性和意志力。然而，从总体上来说，儒家名教是轻视个人利益，抑制个人意志自由发展的。这方面的片面性，也正是儒家名教理论不断遭到反对和批判的原因。

道家，尤其是庄子学派，认为个体的人高于社会的人。他们主张顺自然而因物性，也就是说应当由着个人的自然本性自由发展，而不应当以社会礼法等种种规范去干预和束缚个人的行为。老子说："大道废，有仁义；慧智出，有大伪；六亲不和，有孝慈；国家昏乱，有忠臣。"(《老子·第十八章》) 又说："故失道而后德，失德而后仁，失仁而后义，失义而后礼。"(《老子·第三十八章》) 这是说，老子把社会礼法制度和规范的出现，归结为人类自然本性的不断自我丧失。这里包含了一种原始素朴的"异化"思想。老子的理想是，希望人们通过"绝圣弃智""绝仁弃义""绝巧弃利""少私寡欲"等去克服和阻止"异化"，以期达到返璞归真，复其自然的境界。庄子认为，任何社会礼法制度和规范都是束缚人的自然本性自由发挥的桎梏，因此必须予以彻底破除。他以"天"喻人的自然本性，以"人"喻社会的制度规范，用寓言的形式，借牛马作比喻，通过北海若之口说："牛马四足，是谓天；落（络）马首、穿牛鼻，是谓人。故曰：'无以人灭天，无以故灭命，无以得殉名，谨守而勿失，是谓反其真。'"（《庄子·秋水》）这里，他明确地提出了不要用社会礼法制度规范来磨灭人的自然本性的思想。庄子向往的是一种不受任何限制和约束（"无所待"）的绝对自由——"逍遥游"。而当他的向往在现实社会中行不通时，他就教人们以"齐物论"——相对主义的方法，从认识上去摆脱一切由于分别善恶、是非、利害等而带来的种种纠葛和苦恼，然后借以获得主观精神上的自我满足。道家的自然理论，在重视个人性格和意志方面有其合理性和积极意义。但他过分夸大个人意志与社会规范之间的矛盾对立，想把个人从社会中脱离出来，则又显然走向了另一个片面。

玄学在理论上的任务，就是如何把名教与自然之间的矛盾和谐地统一起来。儒家名教理论沿袭至汉末，已流弊丛生。它不仅作为统治者压迫、钳制人民的手段，使人们的个性、意志受到摧残，而且还成为某些伪诈狡黠之徒沽名钓誉、欺世盗名的工具，使社会风气遭到极大的腐蚀。玄学承汉末名教之弊而起，所以首先都肯定人的自然本性的根本性和合理性，赞扬和提倡道家的自然理论。而同时则努力调和自然本性与名教规范之间的矛盾，使之协调统一起来。玄学内部存在着各种不同的流派，但他们理论上有一共同之点，即都主张以自然为本，名教为末（用），强调以本统末，以用显本，本不离末，用不异本。

玄学的开创人之一、汉魏的王弼认为，喜怒哀乐等是人人都具有的自然本性，即使是圣人也不能例外。他指出，从根本上来说，人的道德行为都是人的真实感情和自然流露，如对父母的"自然亲爱为孝"。所以说，社会的一切名教规范都应当是体现人的自然本性的，也只有以人的自然本性为根本，才能更好地发挥名教的社会作用。他激烈批评那种离开人的自然本性，而去一味追逐表面道德名声的社会腐败风气。他认为，这种舍本逐末的做法是根本违反道德名教的本意的，也是造成社会风气虚伪，名教制度弊端丛生的根本原因。对此，他做了明确的理论说明，如说："守母以存其子，崇本以举其末，则形名俱有而邪不生，大美配天而华不作。"具体来说，"各任其贞，事用其诚，则仁德厚焉，行义正焉，礼敬清焉"。反之，如果"舍其母而用其子，弃其本而适其末，名则有所分，形则有所止。虽极其大，必有不周；虽盛其美，必有患忧"。而具体来说，"弃其所载，舍其所生，用其成形，役其聪明，仁则尚焉，义则竞焉，礼则争焉"。所以，王弼希望通过"以无（自然）为本""举本统末"的理论，在自然的统摄下发挥名教的正常作用。

玄学的另一位重要代表、西晋的郭象，进一步发展了王弼的理论。他在讲本用的关系上，着重强调了两者不可相离的一体性。他把名教规范直接植入到人的自然本性之中去，认为："夫仁义自是人之情性，但当任之耳。恐仁义非人情而忧之者，真可谓多忧也。"这是说，仁义等道德规范即在人的自然本性之中，所以应当听任人的本性的发挥，不用担心它会离开道德规范。他不同意庄子以络马首、穿牛鼻为违背牛马自然本性的说法，而认为："牛马不辞穿落者，天命之固当也。苟当乎天命，则虽寄之人事，而本在乎天也。"这就是说，那些符合于自然本性的东西，即使是借助于人为的安排，它也还是根植于自然的。言外之意也就是说，表面上看来是借助于外力的名教规范，其实就存在于人自身的自然本性之中。反过来讲，服从于仁义等名教规范，实际上也正是发挥了人的自然本性，是完全合乎人的自然本性的。于是，郭象通过他的"性各有分""自足其性"等理论，把外在的名教规范与个人内在的自然本性统一起来，也就是使名教规范获得一种自然合理的形态，使自然本性在一定的限度内得到自我满足。

东晋的玄学家袁宏，综合发展了王弼和郭象的理论。他第一次以"道明其本""儒言其用"的明确提法，点出了玄学在对待儒道两家关系上的立场。他反复论说"崇长推仁，自然之理也""爱敬忠信，出乎情性者也""仁义者，人心之所有也"的道理。他毫不隐讳地说："夫礼也，治心轨物，用之人道者也。"但是，"其本所由，在于爱敬自然，发于心诚而扬于事业者"。于是，"圣人因其自然而辅其性情，为之节文而宣以礼，物于是有尊卑亲疏之序焉"。他还说："夫君臣父子，名教之本也。然则，名教之作，何为者也？盖准天地之性，求之自然之理，拟议以制其名，因循以弘其教，辨物成器，以通天下之务者也。"这段话可以说是对玄学关于名教与自然合一理论的总结性论述。

以融合儒、道两家思想为基本特征的玄学理论，对于中国传统哲学，乃至整个中国传统文化的某些基本性格与精神的形成，有着重要的、决定性的作用。这一点是治中国哲学或中国文化者不可不知的。我在《玄学与中国传统哲学》中举出两点为例，以说明玄学的历史作用和理论地位。第一点是说，由玄学发展起来的"自然合理"论，确立了中国传统哲学的基本理论形态之一，形成了中国传统文化注重自然法则、人文理性而宗教观念相对淡薄的基本性格。第二点是说，玄学认知方法上的"忘象（言）得意"论，构成了中国传统哲学中最主要的思维方式之一，奠定了中国传统文化艺术的主要特点和根本精神。

| 4 |

佛教是在两汉之际由印度传入的外来文化。当其传来之初，人们对它了解甚浅，把它看成与当时人们所熟悉的黄老之学、神仙方术相类似的学说。如袁宏在《后汉纪》中介绍说："佛者，汉言觉，将以觉悟群生也。其教以修善慈心为主，不杀生，专务清净。其精者号为沙门。沙门者，汉言息心，盖息意去欲而归于无为也。……故所贵行善修道，以炼精神而不已；以至无为而得为佛也。"汉末、三国时期，佛经已渐有翻译，迨至东晋时期，则开始了大规模佛经传译的工作。

其间，著名佛经翻译家鸠摩罗什及其弟子所翻译的佛经，以译文传意达旨，译笔优美通畅，而广为传诵，影响至今犹存。它对于佛教在中国的传播和发展，发挥了重要的作用。这时，东来传教的高僧日多，本土的出家僧众也激增，其间有不少的饱学大德，因此，佛教在社会上的影响迅速扩大。东晋南北朝以来，随着佛教影响的扩大，随着本土人士对佛教教义的深入了解，佛教这一外来文化与本土文化之间的差异和矛盾就暴露出来了。接着，二者之间的冲突，也就不可避免地爆发了。由于当时中国本土文化以儒道为代表的格局已经形成，所以佛教与本土文化之间的矛盾冲突，也就表现为佛道与佛儒之间的矛盾冲突。

这里所说的佛道冲突中的道，已不单是指先秦的老庄、汉代的黄老等道家，它同时也包括了东汉末产生的道教，而且从形式上来看，更多的是与道教的矛盾冲突。佛教与道教的矛盾冲突，虽然也有因教义上的不同而引起的斗争，但道教主张长生久视、肉体成仙，而佛教则宣扬诸行无常、涅槃寂灭，这样两种根本相反的解脱观，自然是会发生冲突的。但佛道二教之间的冲突，更多的却是发生在争夺社会地位上。从南北朝至五代，先后发生过四次较大规模的灭佛运动，佛教中人称之为"三武一宗法难"。这四次灭佛运动都是有其深刻的社会、政治、经济原因的，但其中前两次的灭佛运动，即北魏太武帝太平真君七年和北周武帝建德二年那两次，则又是与道教的争夺统治者的崇信，确立其社会的正统地位直接有关。唐武宗会昌五年的那次灭佛运动，其中也有道教人士参与劝谏。只有五代后周世宗的废佛运动，未见有道教的掺入。在二教争正统的斗争中，双方都编造了不少荒诞的谎言来互相攻击，抬高自己。如道教编造《老子化胡经》等，谎称老子西行转生为释迦佛；佛教也如法炮制伪造各种文献，或声称老子转世为佛弟子迦叶，或分派迦叶转为老子等。诸如此类，不一而足，没有什么价值。

佛教与儒家的冲突，最直接的是佛教的出世主义、出家制度明显有违于儒家提倡的伦理纲常等礼教。所以二家斗争的焦点，也就主要集中在佛教的出世出家是否违背了中国传统的孝道和忠道。在这一斗争中，坚持儒家立场者，激烈抨击佛教的出家制度教人剃须发、不娶妻、不敬养父母等，完全违背了孝道；而出世主义则不理民生、不事王事、不敬王者等，又完全违背了忠道。因而极贬佛教为夷教胡俗，不合国情，必欲消灭之而后快。站在佛教立场者，为求得在中国的生存，则竭力采取调和态度，辩明其不违中国礼俗之根本。如东晋著名高僧慧远就申辩说："悦释迦之风者，辄先奉亲而敬君；变俗投簪者，必待命而顺动。若君亲有疑，则退求其志，以俟同悟。斯乃佛教之所以重资生，助王化于治道者也。"这是说，信佛教者是把奉亲敬君放在第一位的，如果得不到君亲的同意或信任，则要退而反省自己的诚意，直到双方都觉悟。这也就是佛教对于民生、治道的裨益。他还说，出家人虽然在服饰上、行为上与在家人有所不同，但他们有益民生、孝敬君亲，与在家人没有两样。所以说："如令一夫全德，则道洽六亲，泽流天下，虽不处王侯之位，亦已协契皇极，在宥生民矣。是故内乖天属之重，而不违其孝；外阙奉主之恭，而不失其敬。"

从理论方面讲，当时佛教与儒道的斗争主要集中在神的存灭、因果报应等问题上。成佛是佛教徒的最高理想，对此问题，当时的中国佛教徒提出了一种"神明成佛"的理论。梁武帝萧衍甚至专门写了一篇题为《立神明成佛义记》的论文来发明此义。他在文中说："源神明以不断为精，精神必归妙果。妙果体极常住，精神不免无常。"这里所谓"神明"，指人的灵魂；"不断"，是不灭的意思；"妙果"，则即指成佛。这句话的意思是说，人的灵魂要修炼到不灭，才可称作"精"；这种"精"的"神"，最终必定成就佛果。佛果为彻悟之体，所以永恒不变；精神则尚处于过程之中，不能免于流动变迁。沈绩对这句话注解道："神而有尽，宁为神乎？故经云：吾见死者形坏，体化而神不灭。"他引经据典地说明了"形坏神不灭"的论点。当时的儒道学者则针锋相对地提出了"形神相即""形质神用""形死神灭"等观点。佛教讲因果报应，特别是讲三世报应，这也是与中国传统观念不一致的。佛教的业报，强调自己种下的因，自己承受其果报。有的现世受报，有的来世受报，有的则经过二生三生，乃至百生千生，然后才受报。而在中国传统观念中，则盛行着"积善之家，必有余庆；积不善之家，必有余殃"（《周易·坤卦·文言》）的教训。即祖先积善或积不善，由子孙去承受福或祸，而主要不是本人去承受。所以，晋宋齐梁期间围绕神灭、神不灭和因果报应等问题曾展开了一场激烈的斗争。

在佛教与儒道发生矛盾冲突的同时，更值得注意的是佛教与儒道之间的相互渗透和融合。这里，我们首先从佛教方面来看一下这种渗透和融合。佛教传入之初，为使中国人理解这一外来宗教的思想，借用了大量的儒道所用的传统名词、概念来比附译释佛教的一些名词、概念。此即所谓"格义"的方法，如以无释空，以"三畏"（畏天命、畏大人、畏圣人之言）拟"三归"（归依佛、法、僧），以"五常"（仁、义、礼、智、信）喻"五戒"（去杀、盗、淫、妄言、饮酒）等。这种借用现象，在对外来文化的传译初期是不可避免的。然而，由于佛教传入初期，人们对其了解不深，这种名词、概念的借用，也就给一般人带来了不少的误解。而这种误解，也就使儒道的思想渗入了佛教之中。陈寅恪在其所著《支愍度学说考》一文中，举出《世说新语》刘孝标注所引当时般若学中的心无义曰："种智之体，豁如太虚。虚而能知，无而能应。居宗至极，其唯无乎？"然后评论说："此正与上引《老子》（'天地之间，其犹橐籥乎？虚而不屈，动而愈出'）、《易经·系辞》（'易无思也，无为也。寂然不动，感而遂通天下之故。非天下之至神，其孰能与于此'）之旨相符合，而非般若空宗之义也。"陈先生的评论是很深刻、很正确的。

如果说，这种初期的融入尚是不自觉的话，那么后来佛教为了在中国扎下根来，则进行了自觉的、主动的融合。首先在译事方面，佛教学者总结了"格义"法的缺陷，以及在翻译中过分讲求文辞，而忽略其思想意义等问题，主动积极地吸收和提倡玄学"得意忘象（言）"的方法，以领会佛典所传达的根本宗旨和思想精神。正如东晋名僧道生所说的："夫象以尽意，得意则象忘。言以诠理，入理则言息。自经典东流，译人重阻，多守滞文，鲜见圆义。若忘筌取鱼，始可与言道矣！"又如，东晋名僧僧肇，深通老庄和玄学，他的著作《肇论》，借老庄玄学的词语、风格来论说般若性空中观思想。在使用中国传统名词和文辞来表达佛教理论方面，达到了相当高妙的境地，深契"忘言得意"之旨。所以说，玄学对于佛教的影响是很深的，它在连接佛教与中国传统文化方面起了重要的桥梁作用。当然，反过来佛教对于玄学的影响也是十分巨大的。两晋之际，玄学家以佛教义理为清谈之言助，已在在皆是，所以玄佛融合成为东晋玄学发展的一个重要趋势。

在中国儒道玄思想的影响下，原印度佛教的许多特性发生了重大的变化。诸如，印度佛教杂多而烦琐的名相分析，逐渐为简约和忘言得意的传统思维方式所取代；印度佛教强调苦行累修的解脱方法，则转变为以智解顿悟为主的解脱方法；印度佛教的出世精神，更多地为入世出世不二，乃至积极的入世精神所取代，等等。而在理论上则更是广泛地吸收了儒家的心性、中庸，道家的自然无为，甚至阴阳五行等各种思想学说。正是经过这些众多的变化，至隋唐时期，佛教完成了形式和理论上的自我调整，取得了与中国传统文化的基本协调，形成了一批富有中国特色的佛教宗派，如：天台宗、华严宗、禅宗、净土宗等。佛教终于在中国扎下了根，开出了花，结出了果。与此同时，佛教的影响也不断地深入到了人们的日常衣食、语言、思想、文学、艺术、建筑，乃至医学、天文等各个方面。至此，佛教文化已成为整个中国文化中可以与儒道鼎足而立的一个有机组成部分。唐宋以来的知识分子，不论是崇信佛老的，还是反对佛老的，无一不出入佛老。也就是说，这时的佛教文化已成为一般知识分子知识结构中不可或缺的一个部分。可以毫不夸张地说，要想真正了解和把握东晋南北朝以后，尤其是隋唐以后的中国历史、文化，离开了佛教是根本不可能的。

| 5 |

佛教文化在中国的生根和发展，对于中国传统的儒道思想也发生了深刻的影响，促使它们在形式和理论上自我调整和发展更新。

由于汉末道教的创立和发展，此后道家的问题变得复杂起来了。道教是在杂糅原始宗教、神仙方术、民间信仰等基础上，附会以道家老子思想为理论依托而建立起来的。后来又受到佛教的影响，仿效佛教的戒律仪轨、经典组织等，使自己不断地完善起来。道教尊奉老子为其教主，以老、庄、文、列诸子的著作作为最根本的经典，如尊《老子》为《道德真经》，尊《庄子》为《南华真经》，尊《文子》为《通玄真经》，尊《列子》为《冲虚至德真经》等。所以，就这方面来讲，道教与道家是密不可分的，因而在人们平时所称的儒释道中的道，一般都是含混的，并不严格限定它是专指道家还是道教。

其实，道家与道教是有根本区别的。简而言之，道家是一个学术流派，而道教则是一种宗教。先秦道家，尤其是老子倡导的自然无为主义，在描述道的情况时说："道冲，而用之或不盈，渊兮，似万物之宗。……湛兮，似或存，吾不知谁之子，象帝之先。"（《老子》四章）而在称颂道的崇高品德时则说："辅万物之自然而不敢为"（《老子》六十四章），"生而不有，为而不恃，长而不宰"（《老子》五十一章）等。这些论述，在当时来讲更是具有一定的反宗教意义。即使在道教问世之后，道家与道教无论从形式上或理论上也还是有区别的。如魏晋玄学家王弼、嵇康、阮籍、郭象、张湛等人所发挥的老庄列思想，人们绝不会说他们讲的是道教，而必定是把他们归入道家范畴。反之，对葛洪、陶弘景、寇谦之等人所阐发的老庄思想，则一定说他们是道教，而不会说他们是道家。这倒并不是因为葛洪等人具有道士的身份，而主要是由于他们把老庄思想宗教化了。具体说，就是把老庄思想与天尊信仰、诸神崇拜、修炼内外丹、尸解成仙等道教的种种宗教寄托和目标融合在一起了。而这些在玄学家所发挥的道家思想中是找不到的。以此为基准去判别汉末以后的数以千计的老、庄、文、列的注解释义著作，那么哪些应归入道家，哪些应归入道教，应当是十分清楚明白的。当然，这种分辨并不涉及这些著作的理论价值的高低评价问题。事实上，在佛教理论的刺激和影响下，道教理论从广度上和深度上得到了极大的发展，不少道教著作在一些方面对道家思想有很多的丰富和发展，有的甚至对整个中国传统文化的发展也是有贡献的。

总之，所谓儒释道中的道，包括了道家和道教。即使当人们把儒释道称为"三教"时，其中的道也不是单指道教。这里需要附带说明的是，中国传统上所谓"三教"的"教"，其含义是教化的教，而不是宗教的教。所以，当我们总论"三教"中的"道"时，既要注意道家，也要注意道教，不可偏执；而当我们研究和把握某一具体的著作或思想家时，则应当分清它究竟是道教还是道家，不可笼统。

儒家思想理论在佛教的冲击和影响下，也有很大的变化和发展。如上面所提到的，东晋以后佛教思想就深入到了社会生活各个领域，尤其是宋元以后的知识分子无一不出入于佛老,这些都还只是现象上的描绘。其实,佛教对儒家最主要的影响是在于它促使儒家对发展和建立形上理论的深入探讨。与佛教相比,原始儒家在理论上更关注实践原则的探讨与确立,其中虽也有一些形上学的命题,但并没有着意去加以发挥。所以在形上理论方面,原始儒家甚至还不如道家。佛教传入后,它那丰富深奥的形上理论,给儒家以极大的冲击和刺激,一度还吸引了大批的优秀知识分子深入佛门,去探其奥秘。而且,确实也由此而涌现出一批积极探讨形上理论的儒家学者。唐代著名学者柳宗元,在评论韩愈的排佛论时说,韩愈给佛教所列的罪状,都是佛教中的一些表面东西,至于佛教内所蕴含的精华,他根本不了解。所以说,韩愈完全是"忿其外而遗其中,是知石而不知韫玉也"。实际上,"浮图诚有不可斥者,往往与《易》《论语》合,诚乐之,其于性情奭然,不与孔子异道"。这段话表明,柳宗元透过儒佛表面的矛盾,看到了佛教理论有与儒家思想相合之处,其见地显然高出韩愈一筹。其实,韩愈虽强烈排佛,但也不能完全摆脱佛教的影响。他所标举的儒家道统说,与佛教的判教和传灯思想不能说全无关系。

人们常把宋明理学的萌发,推求于韩愈及其弟子李翱。韩愈对宋明理学的影响,主要在他所标举的儒家道统说。而李翱对宋明理学的贡献，则在于他指出了一条探讨儒家心性形上理论的途径。在韩愈那里，还是遵循比较传统的儒家思路的，即更注重具体道德原则的探讨。如他在《原道》一文中说，"仁与义为定名，道与德为虚位"，对佛老的去仁义而言道德大加批评，流露出了他对探讨形上问题的不感兴趣。然而，他的弟子李翱则对探讨形上理论表现出极大的兴趣。他受佛教的影响，作《复性书》三篇，以探求儒家的形上理论。他在说明他作此文的意图时说："性命之书虽存，学者莫能明，是故皆入于庄、列、老、释。不知者，谓夫子之徒不足以穷性命之道，信之者皆是也。有问于我，我以吾之所知而传焉。遂书于书，以开诚明之源，而缺绝废弃不扬之道，几可以传于时。"那么，他所发掘出来的发挥儒家性命之道的书，是些什么书呢？从他在《复性书》中所征引和列举的看，主要是《易》和《中庸》。以后，宋明理学发挥儒家性理之学以与佛教抗衡，其所依据的基本经典主要也就是《易》和《中庸》等。开创理学的北宋"五子"（周敦颐、张载、邵雍、程颢、程颐），无一例外都是借阐发《易》理来建立自己的理论的。理学的集大成者朱熹，则进一步通过系统的阐发，又把"四书"（《大学》《中庸》《论语》《孟子》）也提到了儒家阐发"性命之道"的基本典籍之列。

所以把宋明理学的萌发追溯到唐代的韩愈、李翱是很有道理的。

理学以承继尧、舜、禹、汤、文、武、周公、孔、孟的道统和复兴儒学为己任。然而，他们所复兴的儒学，已不完全是先秦的原始儒学了。一方面，理学的形上理论受玄学影响极深，如玄学所提倡的"自然合理"的理论形态，为理学所积极接受和发展；另一方面，理学受佛教理论的影响也甚多，如理学大谈特谈的"主静""性体""体用一源，显微无间""理一分殊"等，无一不与佛教思想有着密切的关系。所以，理学所代表的儒学，在理论形态上与先秦原始儒学存在着不同。先秦原始儒学的许多具体道德规范，到了理学家手中就平添了许多形上学的道理。如，关于"仁"，孔子所论不下数十条，但都是十分具体的。他答颜渊问仁，曰："克己复礼为仁"；答仲弓问仁，曰："出门如见大宾，使民如承大祭。己所不欲，勿施于人。在邦无怨，在家无怨"；答司马牛问仁，曰："仁者其言也讱"；答樊迟问仁，曰："爱人"，曰："先难而后获"；答子张问仁，曰："能行五者于天下，为仁矣。……曰：恭、宽、信、敏、惠"。此外，又如说："夫仁者，己欲立而立人，己欲达而达人"；"刚、毅、木、讷，近仁"等，无一不是具体践行的条目。孟子论仁则除了讲"仁者爱人"外，更推及于"爱物"，并与"义"并提，强调"居仁由义"，最终具体落实到推行"仁政"。可是，到了理学家那里，情况就大不一样了。如朱熹释"仁"，一则说："仁者，爱之理，心之德也"；再则说："为仁者，所以全其心之德也。盖心之全德，莫非天理，而亦不能不坏于人欲。故为仁者，必有以胜私欲而复于礼，则事皆天理，而本心之德复全于我矣"。这里一变而为主要是对"仁"的形上理论地阐发了。这种理论上的判别，也是我们特别需要注意的。

| 6 |

综上所述，中国文化中的儒释道三家（或称三教），在相互的冲突中相互吸收和融合；在保持各自的基本立场和特质的同时，又你中有我，我中有你。三家的发展历史，充分体现了中国文化的融合精神。经过一千多年的发展，到19世纪中叶以前，中国文化一直延续着儒释道三家共存并进的格局。历代统治者推行的文化政策，绝大多数时期也都强调三教并用。南宋孝宗皇帝赵昚说："以佛治心，以道治身，以儒治世。"这是很具代表性的一种观点。所以，当人们随口而说：中国文化是儒家文化的时

候，请千万不要忘了还有佛道两家的文化在国人的精神生活中发挥着巨大的作用。我们说，中华人文精神是在儒释道三教的共同培育下形成的，这话绝无夸张之意。

第六讲

中国文化中的人文精神

中国传统文化源远流长，博大精深。然在其久远博大之中，却"统之有宗，会之有元"。若由著述典籍而论，经史子集，万亿卷帙，概以"三玄"(《周易》《老子》《庄子》)、"四书"(《大学》《中庸》《论语》《孟子》)、"五经"(《周易》《诗经》《尚书》《礼记》《春秋》)为其渊薮；如由学术统绪而言，三教九流、百家争鸣，则以儒道两家为其归致。东晋以后，历南北朝隋唐，由印度传入的佛教文化逐步融入中国传统文化，释氏之典籍（佛教典籍）浩如烟海，就其中对中国传统文化影响最深远，约可与"三玄""四书""五经"之地位相当者，当数以下"三论"：《中论》《成唯识论》《大乘起信论》（此论为疑伪论），"九经"：《金刚经》（附《心经》）《法华经》《华严经》《阿弥陀经》《维摩诘经》《涅槃经》《楞严经》《圆觉经》（以上二经为疑伪经）《坛经》，"一录"：《景德传灯录》）与统绪，因而也就成了中国传统文化中的一个有机组成部分。儒释道三家，鼎足而立、相辅相成，构成了唐宋以降中国文化的基本格局。所谓"以佛治心，以道治身，以儒治世"（南宋孝宗皇帝语），明白地道出了中国传统文化的这种基本结构特征。

中国传统文化的根本特点之一是：观念上的"和而不同"，实践中的整体会通。具体地说，在中国传统文化中，无论是儒释道"三家"，还是文史哲"三科"，天地人"三学"，虽有其各自不同的探究领域、表述方法和理论特征，然却又都是互相渗透，互相吸收，"你中有我，我中有你"，难分难析。这也就是说，人们既需要分析地研究"三家""三科""三学"各自的特点，更需要会通地把握它们的共同精神。此外，如果说儒释道"三家"、文史哲"三科"、天地人"三学"等构成为中国传统文化的一个有机整体，那么对于这个文化整体来讲，其中的任何一家、一科、一学都是不可或缺的，否则这一文化整体的特性将发生变异，或者说它已不再是原来那个文化整体了；而对于其中的每一家、每一科、每一学来讲，则都是这一文化整体中的一家、一科、一学，且每一家、每一科、每一学又都体现着这一文化整体的整体特性。唯其如是，对于中国传统文化的研究，不管是研究哪一家、哪一科、哪一学，我认为，首先是要把握住中国传统文化的整体精神之所在，否则将难入其堂奥，难得其精义。

1

中国传统文化如果从整体上来把握的话,那么人文精神可说是它的最主要和最鲜明的特征。需要说明的是,这里所说的中国传统文化的人文精神与现在所谓的"人文主义"或"人本主义"等概念不完全相同。在中国传统文化中,"人文"一词最早见于《周易·象传》。"贲卦象传"曰:"刚柔交错,天文也;文明以止,人文也。观乎天文,以察时变;观乎人文,以化成天下。"

魏王弼对此解释说:"刚柔交错而成文焉,天之文也;止物不以威武,而以文明,人文也。观天之文,则时变可知也;观人之文,则化成可为也。"

唐孔颖达补充解释说:"'观乎天文,以察时变'者,言圣人当观视天文,刚柔交错,相饰成文,以察四时变化。……'观乎人文,以化成天下'者,言圣人观察人文,则《诗》《书》《礼》《乐》之谓,当法此教而'化成天下'也。"

宋程颐的解释则是:"天文,天之理也;人文,人之道也。天文,谓日月星辰之错列,寒暑阴阳之代变,观其运行,以察四时之速改也。人文,人理之伦序,观人文以教化天下,天下成其礼俗,乃圣人用贲之道也。"

由以上各家的解释可见,"人文"一词在中国传统文化中原是与"天文"一词对举为文的。"天文"指的是自然界的运行法则,"人文"则是指人类社会的运行法则。具体地说,"人文"的主要内涵是指一种以礼乐为教化天下之本,以及由此建立起来的一个人伦有序的理想文明社会。这里有两点需要加以说明:一是人们所讲的"人文精神"一语,无疑与上述"人文"一词有关,抑或是其词源。但"人文精神"一语的含义,又显然要比《周易·象传》中"人文"一词的含义丰富得多。二是中国传统文化中人文精神的出现和展开显然要比"人文"一词的出现早得多,《周易·象传》的面世不会早于战国末,而中国传统文化中的人文精神,远则可以追溯至中国文化的源头,近也至少可以推溯到殷末周初。

中国典籍中,很早就有"人"是天地所生万物中最灵、最贵者的思想。如《尚书·泰誓》中说:"惟天地,万物之母;惟人,万物之灵。"

《孝经》中则借孔子的名义说:"天地之性,人为贵。"这句话中的"性"字,是"生"的意思。宋人邢昺解释说:"性,生也。言天地之所生,惟人最贵也。……夫称贵者,是殊异可重之名。"

其实,在《孝经》面世之前,荀子也已提出了人最为天下贵的观点了。他说:"水火有气而无生,草木有生而无知，禽兽有知而无义，人有气、有生、有知，亦且有义，故最为天下贵也。"

荀子用比较的方法，从现象上说明了为什么天地万物中人最为贵的道理。其后，在《礼记·礼运》篇中，人们又进一步对人之所以异于万物的道理做了理论上的说明。如说："故人者，其天地之德，阴阳之交，鬼神之会，五行之秀气也。""故人者，天地之心也，五行之端也，食味、别声、被色而生者也。"

这句话中"鬼神之会"的意思，是指形体与精神的会合。如唐孔颖达解释说："鬼谓形体，神谓精灵。《祭义》云：'气也者，神之盛也；魄也者，鬼之盛也'，必形体精灵相会，然后物生，故云'鬼神之会'。"

以后，汉儒、宋儒如董仲舒、周敦颐、邵雍、朱熹等，也都不断地发挥这些思想。如董仲舒说："天地之精所以生物者，莫贵于人""人受命于天，固超然异于群生。……是其得天之灵，贵于物也"。周敦颐说："二气交感，化生万物，万物生生，而变化无穷，惟人也得其秀而最灵。"邵雍说："惟人兼乎万物，而为万物之灵。如禽兽之声，以其类而各能得其一，无所不能者人也。推之他事亦莫不然。惟人得天地日月交之用，他类则不能也。人之生，真可谓之贵矣。"正是有见于此，中国古代思想家们认为，人虽是天地所生万物之一，然可与天地并列为三。如《老子》书中就有所谓"故道大、天大、地大、王亦大。域中有四大，而王（或作'人'字）居其一焉"的说法，把人与道、天、地并列。不过，在《老子》书中，道还是最贵的。所以，他接着说的是："人法地，地法天，天法道，道法自然。"与《老子》相比，荀子对人在天地中的地位强调得更为突出，论述得也更为明晰。他尝说："天有其时，地有其财，人有其治，夫是之谓能参。"这里的"参"字就是"叁（三）"的意思，整句话的意思是说，人以其能治天时地财而用之，因而与天地并列为三。对此，荀子又进一步解释说："天能生物，不能辨物也；地能载人，不能治人也；宇中万物生人之属，待圣人然后分也。""分"是分位的意思。在荀子看来，"明分"（确定每个人的分位）是"使群"（充分发挥人类整体力量）、"役物"（合理利用天时地财）的根本，所以他所谓的"人有其治"的"治"，也正是指人的"辨物""治人"的"明分"能力。同样的意思在《礼记·中庸》也有表达，其文云："唯天下至诚，为能尽其性；能尽其性，则能尽人之性；能尽人之性，则能尽物之性；能尽物之性，则可以赞天地之化育；可以赞天地之化育，则可以与天地参矣。"按照传统的解释，"至诚"是圣人之德。《孟子》和《中庸》中都说过："诚者，天之道也；

思诚者（《中庸》作'诚之者'），人之道也。"这也就是说，人以其至诚而辨明人、物之性，尽其人、物之用，参与天地生养万物的活动，因而与天地并列为三。

汉儒董仲舒继承荀子思想，亦极言人与天地并为万物之根本。如说："天地人，万物之本也。天生之，地养之，人成之。""人下长万物，上参天地。""唯人独能偶天地。""唯人道为可以参天。"

从荀子、《中庸》和董仲舒等人的论述中，应当说都蕴涵着这样一层意思，即在天地人三者中，人处于一种能动的主动的地位。从生养人与万物来讲，当然天地是其根本，然而从治理人与万物来讲，则人是能动的，操有主动权。就这方面说，人在天地万物之中可说是处于一种核心的地位。中国传统文化的人文精神把人的道德情操的自我提升与超越放在首位，注重人的伦理精神和艺术精神的养成等，正是由对人在天地万物中这种能动、主动的核心地位的确认而确立起来的。

由此，又形成了中国传统文化中的两个十分显著的特点：一是高扬君权师教淡化神权，宗教绝对神圣的观念相对比较淡薄；一是高扬明道正谊节制物欲，人格自我完善的观念广泛深入人心。这也就是说，在中国传统文化的人文精神中，包含着一种上薄拜神教、下防拜物教的现代理性精神。

| 2 |

中国传统文化的这种人文精神,根植于远古的原始文化之中。人们常把"天人合一"视作中国文化的主要特征之一,而考其起源,则与中国原始文化中的自然(天地)崇拜,以天地为生物之本;以及祖先崇拜,以先祖为监临人世的上帝(此亦为天,天命之天)等观念,不能说毫无关系。由此可见,"天人合一"中"天"的含义是合自然之天与天命(先祖上帝)之天而言的。以后,宋明理学讲的天理之天,即是自然之天与天命之天的统合体。

人与自然之天"合一"的中心是"顺自然"(这里"自然"一词的含义,不是指"自然界",而是指自然界的"本然"法则与状态)。道家思想中强调顺自然,这是人们所熟知的。如《老子》书中就明确说过这样的话:"辅万物之自然而不敢为。"也正是《老子》书中的这句话,长期以来道家的自然无为思想被看成是一种消极被动、因循等待的思想。

其实,《老子》道家顺自然而不敢为(无为)的思想,有其相当积极合理的一面,这在以后的道家著作中有着充分的展开。如在《淮南子》一书,对道家的无为思想就有相当积极合理的论述。如说:"无为者,非谓其凝滞而不动也，以其言莫从己出也。""所谓无为者，不先物为也；所谓无不为者，因物之所为。所谓无治者，不易自然也；所谓无不治者，因物之相然也。""若吾所谓无为者，私志不得入公道，嗜欲不得枉正术。循理而举事，因资而立，权自然之势，而曲故不得容者。事成而身弗伐，功立而名弗有，非谓其感而不应，攻而不动者。"这三段话从不同角度说明了道家自然无为思想绝不是什么消极被动、因循等待，而是在排除主观、私意的前提下，主动地因势利导，即所谓"循理""因资"地去举事立功。这也就是《老子》所追求的理想："功成事遂，百姓皆谓我自然。"

这种顺自然而不违天时的思想，在传统儒家文化中也是极为强调和十分丰富的。前面我们曾提到荀子关于人与天地参的思想，以往人们都以此来强调荀子的"人定胜天"思想，殊不知荀子的人与天地参思想或如人们所说的"人定胜天"的思想，恰恰是建立在他的顺自然而不违天时的认识基础之上的。所以，他在提出"天有其时，地有其财，人有其治，夫是之谓能参"的结论之前是这样来分析的："不为而成，不求而得，夫是之谓天职。如是者，虽深，其人不加虑焉；虽大，不加能焉；虽精，不加察焉。夫是之谓不与天争职。"而紧接着"夫是之谓能参"后，则又再强调说："舍其所以参，而愿其所参，则惑矣。列星随旋，日月递照，四时代御，阴阳大化，风雨博施。万物各得其和以生，各得其养以成。不见其事而见其功，夫是之谓神。皆知其所以成，莫知其无形，夫是之谓天〔功〕。唯圣人为不求知天。"最后，荀子总结说：

> 圣人清其天君（"心居中虚，以治五官，夫是之谓天君"），正其天官（"耳、目、鼻、口、形能，各有接而不相能也，夫是之谓天官"），备其天养（"财非其类，以养其类，夫是之谓天养"），顺其天政（"顺其类者谓之福，逆其类者谓之祸，夫是之谓天政"），养其天情（"形具而神生，好恶、喜怒、哀乐臧焉，夫是之谓天情"），以全其天功（"皆知其所以成，莫知其无形，夫是之谓天〔功〕"）。如是，则知其所为，知其所不为矣，则天地官而万物役矣。（《荀子·天论》）

这里一连串的"天"字，都是强调其为"自然"之意。荀子认为，人只有顺其自然，才会懂得什么应当去做，什么不应当去做，才能掌握天时地财，利用万物。儒家把大禹治水的智慧看成是顺自然的典范，充分体现了"有为"和"无为"在顺自然原则中的统一。孟子对这一问题的论述是极有启迪的，他说：

> 天下之言性也，则故而已矣，故者以利为本。所恶于智者，为其凿也。如智者若禹之行水也，则无恶于智矣。禹之行水也，行其所无事也。如智者亦行其所无事，则智亦大矣。天之高也，星辰之远也，苟求其故，千岁之日至，可坐而致也。（《孟子·离娄下》）

朱熹非常赞赏孟子的这一论述，他的注释发挥了孟子的思想，且有助于我们了解孟子这段话的精义之所在。他说：

> 性者，人物所得以生之理也。故者，其已然之迹，若所谓天下之故者也。利，犹顺也，语其自然之势也。言事物之理，虽若无形而难知，然其发见之已然，则必有迹而易见。……然其所谓故者，又必本其自然之势。……禹之行水，则因其自然之势而导之，未尝以私智穿凿而有所事，是以水得其润下之性而不为害也。……愚谓事物之理，莫非自然。顺而循之，则为大智，若用小智而凿以自私，则害于性而反为不智。

这些都十分明确而概括地表达了儒家"顺自然"而与自然之天"合一"的基本观点。

| 3 |

人与天命之天"合一"的中心是"疾敬德"。这一观念，大概起源于殷末周初。《尚书·召诰》中有一段告诫周王要牢记夏、殷亡国教训的文字，很能说明这一点。其文曰：

> 王敬作所，不可不敬德。我不可不监于有夏，亦不可不有监于有殷。我不敢知曰，有夏服天命，惟有历年。我不敢知曰，不其延，惟不敬厥德，乃早坠厥命。我不敢知曰，有殷受天命，惟有历年。我不敢知曰，不其延，惟不敬厥德，乃早坠厥命。……肆惟王其疾敬德，王其德之用，祈天永命。

这是说，夏殷之所以灭亡，主要是由于他们"不敬德"，因此，周王如要永保天命的话，就一定要"疾敬德"。所谓"皇天无亲，惟德是辅"（《尚书·蔡仲之命》），是周初人的一种共识，也是以后儒家论述天人合一的一个中心命题。我们在《尚书》一书中，随处都可以翻检出有关于因"不敬德"而失天下的记述。诸如说：

禹乃会群后，誓于师曰："济济有众，咸听朕命。蠢兹有苗，昏迷不恭，侮慢自贤，反道败德。君子在野，小人在位，民弃不保，天降之咎。肆予以尔众士，奉辞伐罪，尔尚一乃心力，其克有勋。"（《尚书·大禹谟》）

"反道败德"，这是有苗失天下的缘由。

　　有夏昏德，民坠涂炭，天乃锡王勇智，表正万邦，缵禹旧服。兹率厥典，奉若天命。（《尚书·仲虺之诰》）

　　夏王灭德作威，以敷虐于尔万方百姓，尔万方百姓，罹其凶害，弗忍荼毒。并告无辜于上下神祇。天道福善祸淫，降灾于夏，以彰厥罪；肆台小子，将天命明威，不敢赦，敢用玄牡，敢昭告于上天神后，请罪有夏。（《尚书·汤诰》）

　　伊尹既复政厥辟，将告归，乃陈戒于德。曰："呜呼！天难谌，命靡常。常厥德，保厥位，厥德匪常，九有以亡。夏王弗克庸德，慢神虐民，皇天弗保，监于万方，启迪有命。眷求一德，俾作神主。惟尹躬暨汤，咸有一德，克享天心，受天明命。以有九有之师，爰革夏正，非天私我有商，惟天佑于一德，非商求于下民，惟民归于一德，德惟一，动罔不吉；德二三，动罔不凶。唯吉凶不僭在人，惟天降灾祥在德。"（《尚书·咸有一德》）

"有夏昏德""夏王灭德作威""夏王弗克庸德"，这是夏失天下的缘由。

今商王受，弗敬上天，降灾下民，沉湎冒色，敢行暴虐……皇天震怒，命我文考，肃将天威，大勋未集。肆予小子发，以尔友邦冢君，观政于商。……受有臣亿万，惟亿万心。予有臣三千，惟一心。商罪贯盈，天命诛之，予弗顺天，厥罪惟钧。（《尚书·泰誓上》）

今商王受，狎侮五常，荒怠弗敬，自绝于天，结怨于民，斮朝涉之胫，剖贤人之心，作威杀戮，毒痡四海。……古人有言曰："抚我则后，虐我则雠。"独夫受，洪惟作威，乃汝世雠。树德务滋，除恶务本。肆予小子，诞以尔众士，殄歼乃雠。
(《尚书·泰誓下》)

曰："惟有道曾孙周王发，将有大正于商。"今商王受无道，暴殄天物，害虐烝民，为天下逋逃主，萃渊薮。予小子既获仁人，敢祗承上帝，以遏乱略。华夏蛮貊，罔不率俾，恭天成命。
(《尚书·武成》)

"弗敬上天，降灾下民""自绝于天，结怨于民""暴殄天物，害虐烝民"，这是殷商失天下的缘由。

这种自周初以来形成的"以德配天"的天人合一观中，无疑的其伦理道德色彩大大超过其宗教色彩。

天子受命于天，然只有有德者方能受此天命。何谓有德者？孟子在回答其弟子万章问及尧舜相传一事时，有一段论述是很值得思考的。孟子认为，天子是不能私自把天下传给他人的，舜之有天下，是天命授予的，尧只是起了推荐的作用。那么，天又是如何来表达它的意向的呢？孟子说，天不是用说话来表达的，而是通过对舜的行为和事迹的接受来表示其意向的。具体地讲，就是：

> 使之主祭而百神享之，是天受之；使之主事而事治，百姓安之，是民受之也。天与之，人与之，故曰：天子不能以天下与人。……《泰誓》曰："天视自我民视，天听自我民听"，此之谓也。（《孟子·万章上》）

这里所谓"使之主祭而百神享之，是天受之"，显然只具有外在的礼仪形式的意义，而"使之主事而事治，百姓安之，是民受之也"，才具有实质的意义。由孟子所引《泰誓》一语可见，"人意"是"天命"的实在根据，"天命"则是体现"人意"的一种礼仪文饰。

这种"天命"根据于"人""民"之意愿，"人""民"比鬼神更根本的观念，发生于周初，至春秋时期而有极大的发展。《尚书·泰誓》中，除孟子所引那一句外，也还说过这样的话："天矜于民，民之所欲，天必从之。"而在《尚书·皋陶谟》中说："天聪明，自我民聪明；天明畏，自我民明威。"

孔安国释此句之义，最能体现天命以民意为根据的观念。他说："言天因民而降之福，民所归者天命之。天视听人君之行，用民为聪明。……天明可畏，亦用民成其威。民所叛者天讨之，是天明可畏之效。"（《尚书正义》）

至春秋时期，这方面的思想得到了极大的发展。

由此，人事急于神事，民意重于神意的观念深植于中国传统文化之中，并成为历代圣贤、明君无时不以为诫的教训。《礼记·表记》中尝借孔子之口，比较了夏商周三代文化的不同特色，其中在述及周文化特色时说："周人尊礼尚施，事鬼敬神而远之，近人而忠焉，其赏罚用爵列，亲而不尊。其民之敝：利而巧，文而不惭，贼而蔽。"

周文化这一近人而远鬼神的特色影响深远，以至当季路向孔子问"事鬼神"之事时，孔子相当严厉地斥责说："未能事人，焉能事鬼？"（《论语·先进》）

而当孔子在回答樊迟问"知"时，则又表示说："务民之义，敬鬼神而远之，可谓知矣。"（《论语·雍也》）

"务民之义"是"人有其治"的具体体现，人之治如果搞不好，鬼神也是无能为力的。因此说，只有懂得近人而远鬼神，把人事放在第一位，切实做好它，才能称之为"知"。这也许就是为什么在中国传统中，把政权看得比神权更重的文化上的根源。

| 4 |

"礼"起源于祭祀，与原始宗教有着密切的关系，这是毫无疑问的。然而"礼"在中国传统文化的发展历程中，则

是越来越富于人文的内涵，乃至最终成为体现中国传统文化人文精神的主要载体之一。"礼"通过祭祀，从消极方面来讲，是为了祈福禳灾；而从积极方面来讲，则是为了报本。"报"什么"本"？荀子的论述是十分值得注意的。他说：

> 礼有三本：天地者，生之本也；先祖者，类之本也；君师者，治之本也。无天地恶生？无先祖恶出？无君师恶治？三者偏亡，焉无安人。故礼，上事天，下事地，尊先祖而隆君师，是礼之三本也。(《荀子·礼论》)

把君师之治作为礼之本，一方面是以礼制形式来落实人与天地参的思想，另一方面又是使"礼"包含了更多的人文内涵。"礼"字在《论语》一书中凡七十四见，然除了讲礼如何重要和如何用礼之外，对礼的具体涵义没有任何表述。即使当林放提出"礼之本"这样的问题，孔子也只是回答说："礼，与其奢也，宁俭"(《论语·八佾》)，仍然只是如何用礼的问题。《孟子》一书中"礼"字凡六十八见，其中大部分也是讲如何用礼的问题，只有几处稍稍涉及一些礼的具体含义，如说："辞让之心，礼之端也"(《孟子·公孙丑上》)；"恭敬之心，礼也"(《孟子·告子上》);"男女授受不亲,礼也"(《孟子·离娄上》);"礼之实,节文斯二者(指仁、义)是也"(《孟子·离娄上》)。荀子是中国传统文化中"礼"学的奠基者。《荀子》一书中"礼"字凡三百余见,全面论述了礼的起源,礼的教化作用,礼的社会功能等,尤其是突出地阐发了礼的人文内涵。如,他对礼的起源的论述,完全抛开了宗教的解释。他说:

> 礼起于何也?曰:人生而有欲,欲而不得,则不能无求,求而无度量分界,则不能不争。争则乱,乱则穷。先王恶其乱也,故制礼义以分之,以养人之欲,给人之求,使欲必不穷乎物,物必不屈于欲,两者相持而长,是礼之所起也。(《荀子·礼论》)

据此,在荀子看来,礼的主要内容就是我们在上文提到过的"明分",或者说"别"。所谓"别"或"明分"就是要使社会形成一个"贵贱有等,长幼有差,贫富轻重皆有称者也"(《荀子·礼论》)的伦序。荀子认为,确立这样的伦序是保证一个社会安定和谐所必需的。所以他说:

> 然则从人之欲则势不能容,物不能赡也。故先王案为之制礼义以分之,使有贵贱之等,长幼

之差，知愚、能不能之分，皆使人载其事而各得其宜，然后使谷禄多少厚薄之称，是夫群居和一之道也。(《荀子·荣辱》)

毫无疑问，荀子这里所讲的礼，充满了宗法等级制度的内容，是我们今天要批判、要抛弃的。然而，我们也无法否定，任何一个社会都需要有一定的伦序，否则这个社会是无法安定和谐的。因此，荀子关于"皆使人载其事而各得其宜，然后使谷禄多少厚薄之称"，从而达到"群居和一"的理想，也还是有值得我们今天批判继承的地方。

荀子阐发的礼的人文内涵，在中国传统文化中，特别是儒家文化中，有着极为深远的影响。从而在中国文化传统中，常常是把那些带有宗教色彩的仪式纳入礼制中去，而不是使礼制作为宗教的一种仪规。试举一例以明之。如荀子对于人问"雩而雨何也？"回答说："无何也！犹不雩而雨也。"这是大家都很熟悉的一则典故。"雩"原是一种宗教色彩很浓的求雨仪式，荀子在这里虽然明确表示了"犹不雩而雨也"的意见，但他并没有完全否定这种仪式，只是认为不应当把它神化。换言之，如果把它作为一种礼的仪式，荀子认为还是有意义的。请看荀子紧接着此问后所阐发的一个重要论点，他说：

日月食而救之，天旱而雩，卜筮然后决大事，非以为得求也，以文之也。故君子以为文，而百姓以为神。以为文则吉，以为神则凶也。（《荀子·天论》）

　　这里所谓的"文"，是"文饰"的意思，相对于"质朴"而言，"礼"为文饰之具，"文"为有礼的标志。荀子这段话的主旨，就是强调要把救蚀、雩雨、卜筮等带有原始宗教色彩的仪式作为一种具有人文意义的"礼"仪来看待，而不要把它作为一种求助于神灵的信仰仪式去看待。

　　人们常常把荀子的这段话与《周易·观卦·象传》中的"圣人以神道设教"说联系在一起，这是有一定道理的。但是，通常人们对"神道设教"的解释，则似乎并不符合其原义。按照一般的解释，这句话的意思是说，圣人借"神"道以教化百姓。把"圣人以神道设教"一句中的"神"字，与上述荀子《天论》中"百姓以为神"的"神"字，看成是相同的意思。其实，这里有误解。"观卦象传"的"圣人以神道设教"一句中，"神道"是一个词，而不是单独以"神"为一个词。试观其前后文即可明白矣。文曰："观天之神道，而四时不忒；圣人以神道设教，而天下服矣！"这里可以明白地看到，所谓"圣人以神道设教"

一句中的"神道",就是前文中"天之神道"的"神道"。何为"天之神道"?也就是文中所说的"四时不忒",亦即自然运行法则。所以,所谓"圣人以神道设教",即是圣人则天,以"四时不忒"之道来作为教化的原则。

值得注意的是,效法天道自然法则正是传统"礼"论中的中心内容之一。如《礼记·丧服四制》中说:"凡礼之大体,体天地、法四时、则阴阳、顺人情,故谓之礼。訾之者,是不知礼之所由生也。"

由此可见,《周易》中所讲的"神道",与荀子文中所表扬的"君子以为文"的精神是相一致的,而与其所批评的"百姓以为神"的"神"字意思则是根本不一样的。

以"卜筮然后决大事"为"文"而不以为"神",这也是体现中国传统文化人文精神的一个突出例子。"卜筮然后决大事"本来是一件"神"事,然而现在却把它纳入了"文"事。"文"事者,"非以为得求也"。这样,"卜筮"所决之事也就失去了它的绝对权威性,而成为只具有一定参考价值的意见。于是,"卜筮"作为一种礼仪形式的意义,也就远远超过了依它来"决大事"的意义。

把卜筮纳入"礼"中,确实有借"神"道以设教的意图。如《礼记·曲礼》中有这样一段话:"卜筮者,先圣王之所以使民信时日、敬鬼神、畏法令也,所以使民决嫌疑、定犹与（豫）也。"

这里把"畏法令"也作为卜筮的一项内容，其教化的意义是十分明显的。因而，与此相关，对于利用卜筮来蛊惑人心者，则制定了严厉的制裁条例来禁止它。如《礼记·王制》中规定：

> 析言破律，乱名改作，执左道以乱政，杀；作淫声、异服、奇技、奇器以疑众，杀；行伪而坚，言伪而辩，学非而博，顺非而泽以疑众，杀；假于鬼神、时日、卜筮以疑众，杀。此四诛者，不以听。

文中所谓"此四诛者，不以听"的意思是说，对于这四种人不用听其申辩即可处以死刑。

至此，中国传统文化和哲学中上薄拜神教的人文精神，应当说已经反映得相当充分了。

| 5 |

关于中国传统文化和哲学中下防拜物教的人文精神，则大量地体现在儒道佛"三教"的有关心性道德修养的理论中。中国传统文化之所以注重并强调心性道德修养，这

是与中国历代圣贤们对人的本质的认识密切有关的。荀子在论人的"最为天下贵"文字里，把天下万物分为四大类：一类是无生命的水火，一类是有生命而无识知的草木，一类是有生命也有识知的禽兽，最后一类就是不仅有生有知而更是有义的人类。"义"是指遵循一定伦理原则的行为规范，如荀子说的："仁者爱人，义者循理"（《荀子·议兵》）；"夫义者，所以限禁人之为恶与奸者也。……夫义者，内节于人而外节于万物者也"（《荀子·强国》）等等。在荀子看来，这就是人类与其他万物，特别是动物（禽兽）的根本区别之所在。荀子的这一观点是很有代表性的。在中国传统文化中，绝大部分的圣贤都持这样的观点，即把是否具有伦理观念和道德意志看作人的本质，作为区别人与动物的根本标志。如孟子也说过："人之所以异于禽兽者几希，庶民去之，君子存之。"（《孟子·离娄下》）

那不同于禽兽的一点点，就是人的伦理意识和道德感情。孔子在回答子游问孝时尝说："今之孝者，是谓能养。至于犬马，皆能有养；不敬，何以别乎？"（《论语·为政》）

孟子则说："人之有道也。饱食、暖衣、逸居而无教，则近于禽兽。"（《孟子·滕文公上》）

孔孟的这两段论述都是强调，只有具有自觉的伦理意识和道德感情，才能把人的行为与禽兽的行为区别开来。

对此，荀子更有进一步的论述，他说：

> 人之所以为人者，何已也？曰：以其有辨也。饥而欲食，寒而欲暖，劳而欲息，好利而恶害，是人之所生而有也，是无待而然者也，是禹、桀之所同也。然则人之所以为人者，非特以二足而无毛也，以其有辨也。今夫狌狌形笑，亦二足而毛也，然而君子啜其羹、食其胾。故人之所以为人者，非特以其二足而无毛也，以其有辨也。夫禽兽有父子而无父子之亲，有牝牡而无男女之别。故人道莫不有辨，辨莫大于分，分莫大于礼，礼莫大于圣王。（《荀子·非相》）

《礼记·曲礼》发挥这一思想，亦强调人当以礼来自别于禽兽。

事实上，在中国历代圣贤的心目中，正确认识和处理伦理与物欲的关系问题是确立人格和提升人格的关键。对于这一问题，在中国传统文化中大致是从三个层次来进行探讨的。一是理论层次，讨论"理""欲"问题；一是实践层次，讨论"义""利"问题；一是修养（教育）层次，讨论"役物""物役"问题。在中国传统文化中，有关这方面的内容是极其丰富的。概括地讲,在理论上以"以理制欲""欲需合理"说为主流,部分思想家将其推至极端,而提出了"存理灭欲"说;在实践上以"先义后利""重义轻利"说为主流,部分思想家将其推至极端,而提出了"正其谊不谋其利,明其道不计其功"之说;在修养上则概以"役物"为尚,即做物欲的主人,而蔑视"物役",即沦为物欲的奴隶。

由于部分宋明理学家,如程朱等,在理欲问题上过分地强调"存天理灭人欲",因而不仅遭到历史上不少思想家的批评,更受到了近现代民主革命时代思想家的激烈批判,斥其为压制人性、无视人性,这是历史的需要,完全是应当的。但是,我们如果全面地来检视一下中国传统文化中有关"理""欲"关系的理论,则很容易就可以发现"存理灭欲"之说实非居于主流地位。若如程朱等所说,必待灭尽人欲方能存得天理,即使以此为极而言之说,其理论上之偏颇也是显而易见的。人们尝以为程朱之说发轫于《礼记·乐记》,如与朱熹同时之陆九渊就认为这样。

理学家之谈天理人欲或根于《乐记》,然程朱等所谈之天理人欲关系与《乐记》所论之天理人欲关系已经有了很大的不同。《乐记》所论曰:

> 人生而静，天之性也；感于物而动，性之欲也。物至知知，然后好恶形焉。好恶无节于内，知诱于外，不能反躬，天理灭矣。夫物之感人无穷，而人之好恶无节，则是物至而人化物也。人化物也者，灭天理而穷人欲者也。于是有悖逆诈伪之心，有淫佚作乱之事。是故强者胁弱，众者暴寡，知者诈愚，勇者苦怯，疾病不养，老幼孤独不得其所，此大乱之道也。是故先王之制礼乐，人为之节。

《乐记》并未否定人感于物而动的性之欲，它只是否定那种好恶无节于内，知诱于外，且又不能反躬的人。这样的人，在它看来就是在无穷的物欲面前，不能自我节制，而被物支配了的人，亦即所谓"物至而人化物也"。人为物所支配，为了穷其人欲，那就有可能置一切伦理原则于不顾，而做出种种背离伦理的事来。为此，《乐记》才特别强调了"制礼乐，人为之节"的重要和必要。

《乐记》的这一思想，很可能来源于荀子。荀子论述关于礼的起源的文字，在那里他肯定了"人生而有欲，欲而不得，则不能无求"。但同时他又指出，如果"求而无度量分界"，那就会造成社会的争乱。因此，需要制订礼义来节制之，以达到"养人之欲，给人之求"的理想。由此可见，如果说在程朱理学的"存天理灭人欲"命题中具有禁欲主义意味的话，那么在《乐记》和荀子那里并无此意。《乐记》主张是"节欲"，而荀子则除了讲"节欲"外，还提出了"养欲""导欲""御欲"。荀子提出"节用御欲"的命题，是强调人们在消费时应当有长远的后顾之忧，时时控制欲求，节约消费。他说：

> 人之情，食欲有刍豢，衣欲有文绣，行欲有舆马，又欲夫余财蓄积之富也。然而穷年累世不知足，是人之情也。今人之生也，方知畜鸡狗猪彘，又畜牛羊，然而食不敢有酒肉；余刀布，有囷窌，然而衣不敢有丝帛；约者有筐箧之藏，然而行不敢有舆马；是何也？非不欲也，几不长虑顾后，而恐无以继之故也。于是又节用御欲，收敛蓄藏以继之也。是于己长虑顾后，几不甚善矣哉！（《荀子·荣辱》）

其"节欲"理论甚是丰富。荀子尝指出，那些提出"去欲""寡欲"主张的人，其实是他们在实践中没有能力对人们的欲望加以引导和节制的表现。他还认为，欲求是人生来就具有的，问题在于你的欲求合理不合理。如果合理，那么再多的欲求也不会给社会带来问题，如果不合理，那么再少的欲求也会给社会造成的混乱。

总之，荀子认为：

> 性者，天之就也；情者，性之质也；欲者，情之应也。以所欲为可得而求之，情之所必不可免也。……欲虽不可尽，可以近尽也；欲虽不可去，求可节也。(《荀子·正名》)

荀子的这些思想是合理而深刻的，对于后世的影响也是极其深远的。宋明以往批判程朱"存理灭欲"说者，其基本理论并未超过荀子多少。

此外，道家等从养生的角度也讲述了不少有关"节欲""养欲"的道理，对于丰富传统文化中的"节欲"理论也是很有价值的。

> 昔先圣王之为苑囿园池也，足以观望劳形而已矣；其为宫室台榭也，足以辟燥湿而已矣；其为舆马衣裘也，足以逸身暖骸而已矣；其为饮食酏醴也，足以适味充虚而已矣；其为声色音乐也，足以

安性自娱而已矣。五者，圣王之所以养性也，非好俭而恶费也，节乎性也。(《吕氏春秋·重己》)

天生人而使有贪有欲，欲有情，情有节，圣人修节以止欲，故不过行其情也。(《吕氏春秋·情欲》)

在荀子之前就流传着这样的教训，即所谓："君子役物，小人役于物。"荀子对此解释说："志意修则骄富贵，道义重则轻王公，内省而外物轻矣！传曰：'君子役物，小人役于物'，此之谓矣。"(《荀子·修身》)

这句话的意思是说，注重精神修养和伦理实践的人则轻视富贵地位，也就是说，注重内心反省的人，对身外之物是看得很轻的。历代相传的"君子支配物，小人被物支配"，就是这个意思。做"役物"的"君子"，还是做"役于物"的"小人"，这是人格修养上必须明辨的问题。荀子进一步对比此二者说：

志轻理而不〔外〕重物者，无之有也；外重物而不内忧者，无之有也；行离理而不外危者，无之有也；外危而不内恐者，无之有也。……故欲养其欲而纵其情，欲养其性而危其形，欲养其乐而攻其心，欲养其名而乱其行。如此者，虽封侯称君，其与夫盗无以异；乘轩戴绖，其与无足无以异。夫是之谓以己为物役矣。

反之：

心平愉，则色不及佣而可以养目，声不及佣而可以养耳，蔬食菜羹而可以养口，麤布之衣、麤紃之履而可以养体，屋室、庐庾、葭藁蓐、尚机筵而可以养形。故无万物之美而可以养乐，无势列之位而可以养名。……夫是之谓重己役物。（《荀子·正名》）

这种不为物累，勿为物役的思想在佛道理论系统中更是俯拾皆是。然至此，中国传统文化和哲学中下防拜物教的人文精神，应当说也已经反映得相当充分了。

人不应当"役于神"，更不应当"役于物"，人应当有自己独立的人格。有不少人以为，依仗现代高科技，人类已经可以告别听命于"神"的历史，人类已经可以随心所欲地去支配"物"的世界了。然而，我们如果冷静地看看当今世界的现实，则恐怕就不会这样乐观了。"役于神"的问题是极其复杂的，绝非单纯的科技发展就能解决的。君不见，当今世界各大有"神"宗教，凭借着社会经济增长的实力后盾，几乎与现代高科技同步高速发展，且新兴宗教层出不穷。"役于物"的问题，则随着现代高科技的发展，人类向"物"世界索取手段的不断提高，因而对于物的欲求也是在进一步地膨胀。更何况当今世界是一个讲求实力的时代，全世界的经济实力竞争，把全人类逼上了"役于物"的险途而尚不能自反。

18世纪欧洲的启蒙运动，高扬人本主义去冲破中世纪神本文化的牢笼，然而诚如当时那些主要思想家所言，他们倡导的人本主义，从中国儒道哲学的人文精神中得到了极大的启发和鼓舞。而当今东西方思想家注目于中国传统文化和哲学，恐怕主要是想借助中国传统文化和哲学中的人文精神来提升人的精神生活、道德境界，以抵御由于物质文明的高度发展而带来的拜金主义和拜物教，以及由此而造成的人类的自我失落和精神空虚。我想，这大概也就是中国传统文化中的人文精神为什么还值得人们在今日来认真研究一翻的理由吧！

第七讲

中国人的主体修养学说

在中国传统哲学中，有着丰富的关于主体修养的学说。其中，大部分是讲道德养成过程中的主体修养问题，不过也有相当部分是讲认识过程中的主体修养问题。而且，即使是那些有关道德主体修养方面的论述，同样也包含着重要的认识论上的意义。可以说，强调认识过程中的主体修养，认为认识活动与道德修养有密切关系，是中国传统哲学的一大特征。它对于丰富哲学认识论理论，有着重要的意义，是中国哲学贡献于世界哲学的一份宝贵财富。

| 1 |

认识是离不开认识者（主体）和被认识者（客体）的，先秦的荀子（名况，又称孙卿，他的活动年代约为公元前298—前238年之间）曾说："凡以知，人之性也；可以知，物之理也。"（《荀子·解蔽》）又说："所以知之在人者谓之

知；知有所合谓之智。"(《荀子·正名》)这是说，人（主体）有认识的能力（能知），物（客体）有可认识的性质（所知），主体的认识能力与客体事物相接触后，即可产生认识、获得知识。这种朴素的反映论观点，基本上代表了中国传统哲学上对于认识性质和来源的一般见解。佛教传入中国后，讲"心法起灭天地""三界唯心""万法唯识"等，否定有离开主体而独立存在的客体。受其影响，宋明理学中的陆王心学等讲"心外无理""心外无物"，也不承认有离开主体而独立存在的客体。因此，佛教强调断除"所知障""见自本性"，陆王则强调"致吾心之长知"等。在他们看来，认识不是主体对客体的反映，而是主体的自我反省。

尽管对认识的性质和来源问题有以上的不同看法，但在强调认识过程中主体能动作用的重要性问题上，则中国传统哲学各派的看法是基本一致的。认识并不是主体对客体的一种单纯感觉和消极反映。荀子对此已有所认识，他认为，认识是从人的感官与外物接触开始的，但仅有感官的感觉是不行的，还需要有心的鉴别。这就是他说的："何缘而以同异？曰：缘天官。"然后"心有征知。征知则缘耳而知声可也，缘目而知形可也"。这里，一方面心的证知作用，"必将待天官之当簿其类然后可也"(《荀子·正名》)；另一方面，由于"心者，形之君也，而神明之主也"(《荀子·解蔽》)，心在认识过程中又起着决定性的作用。这也就是说，人的认识过程必须包含着主体的理性思维对于初步获得感觉的能动的鉴别作用。

关于感官与心在认识过程中的不同作用和地位问题，早在孟子那里就已有了认识。如他说："耳目之官不思，而蔽于物，物交物，则引之而已矣。心之官则思，思则得之，不思则不得也。此天之所与我者，先立乎其大者，则其小者不能夺也。"(《孟子·告子上》)这里也包含着强调主体理性思维在认识过程中的能动作用和决定地位的意思。孟子"先立乎其大"的论述，对以后心学一派把主体的道德修养放在最重要的地位，有着深远的影响。

明末清初的著名思想家王夫之（1619—1692），在论述认识的发生以及认识过程中耳目感官与心的关系时说："形也，神也，物也，三相遇而知觉乃发。""耳与声合，目与色合，皆心所翕辟之牖也。合，故相知，乃其所以合之故，则岂耳目声色之力哉！故与薪过前，群言杂至，而非意所属，则见如不见，闻如不闻，其非耳目之受而即合，明矣。"这里的"形"是指身体感官，"神"是指心的思维，"物"则指外物。王夫之以思维不注意于此时，则见如不见，闻如不闻的一般经验，说明了心的思维在感官与外物相接过程中的主导作用，强调了认识过程中主观能动的重要性。

中国古代的哲人们注意到，人们在认识上常常会出现各种错觉或片面性，这里固然有外在的原因，如外物的变化不定和物理的复杂难辨等，但更主要的是由认识主体的内在原因造成的。对此，荀子也有较深刻的认识，他指出各种各样造成错觉或片面性的原因，如说："欲（好）为蔽，恶为蔽，始为蔽，终为蔽，远为蔽，近为蔽，博为蔽，浅为蔽，古为蔽，今为蔽"等。在这些"为蔽"中，始终、远近、古今之蔽偏向于客观的原因，而欲恶之蔽、博浅之蔽则均与主体有密切的关系。如他说"从山上望牛者若羊，而求羊者不下牵也，远蔽其大也；从山下望木者，十仞之木若箸，而求箸者不上折也，高蔽其长也"等。这种由外在原因所造成的错觉或片面性，是比较容易识别和克服的。然而，像他指出的另一种情况："私其所积，唯恐闻其恶也。倚其所私，以观异术，唯恐闻其美也。是以与治虽走而是己不辍也。"这段话的意思是，由于偏爱自己的学说，唯恐听到别人说这种学说不好。从自己的偏见去观察不同于自己的学说，又唯恐听到别人说那种学说好。由此，背离了正道，而还自以为是，不知改正。这就是说，主体情感上的欲（好）恶，同样会直接影响到人的认识活动，造成认识上的片面性（蔽）。而且，这种由认识主体内在原因所造成的片面性，是很难觉察和克服的。《庄子·秋水》说："井蛙（或说当作'井鱼'）不可以语于海者。"荀子也引俗话说，"坎井之蛙不可与语东海之乐"，则是"浅"之为蔽的最生动比喻，它所造成的认识上的片面性，同样是很难自我觉察和克服的。

因此，心（思维、精神）的状态如何，将直接影响到感觉的正误，以至影响到对客体的正确认识。荀子在看到了主体的心理状态对于认识的影响，并举出了许多具体生动而有力的例子。例如他说："夏首之南有人焉，曰涓蜀梁，其为人也，愚而善畏。明月而宵行，俯见其影，以为伏鬼也；仰视其发，以为立魅也。背而走，比至其家，失气而死。"这是说，由于此人处于一种极其畏惧的心理状态之中，因而把自己的影子当作了鬼，把自己的头发当作了魅，结果把自己吓死。又如，他举例说："心忧恐则口衔刍豢而不知其味，耳听钟鼓而不知其声，目视黼黻而不知其状，轻暖平簟而体不知其安。"从这段文字的前后文意看，荀子主要是从道德角度来讲的。如他与此相对比的是："心平愉，则色不及修而可以养目，声不及佣而可以养耳，蔬食菜羹而可以养口，麤布之文、麤紃之履而可以养体。"然而，这也不能忽视其中包含的对认识的影响。因为，荀子在谈"解蔽"时，也说过同样的话。如他说："心枝则无知，倾则不精，贰则疑惑。"意思是说，精神（思想）分散，就不可能获得知识，不专注认识就不可能精深，三心二意，就会疑惑不安。又说："心不使焉，则白黑在前而目不见，雷鼓在侧而耳不闻，况于使者乎！"这是说，当一个人的注意力分散于其他事物时，则某一事物，即使就在他的身边眼前，也会视而不见，听而不闻。这应当说是每一个人都有过的切身经验。因此，荀子前面说的由于心理上的忧虑和恐惧，而造成食不知味，听不闻声，视不见色的现象，设若从认识论的角度看，则可以说，如果一个人的注意力被忧虑和恐惧所分散或干扰，那么他就会连味道的好坏、音乐的雅俗、色彩的妍丑也分不清了。

关于心理（思维、精神）状态会直接影响到对客体正确认识的问题，在《大学》一书中也有所论及。如说："所谓修身在正其心者，身有所忿懥，则不得其正；有所恐惧，则不得其正；有所好乐，则不得其正；有所忧患，则不得其正。……心不在焉，视而不见，听而不闻，食而不知其味。"朱熹对这段话是这样注释的："盖是四者，皆心之用，而人所不能无者。然一有之而不能察，则欲动情胜，而其用之所行，或不能不失其正矣。"意思是说，人不可能没有喜怒哀乐的感情，是一种心理活动，如果不能明白觉察而让它占了上风的话，那么在它的影响下，人的认识不可避免地会失去它的正确性。

荀子的学生韩非子（约公元前280—前233）曾分析说："聪明睿智，天也；动静思虑，人也。人也者，乘于天明以视，寄于天聪以听，托于天智以思虑。"这一分析发展了上述荀子关于"天官"和"心"在认识中的不同作用和地位的思想。在这里，韩非把耳目感官的视听功能，乃至"心"的思虑功能，都归之为天赋于人的一种自然功能，而同时则强调，只有发挥人的主观能动作用去驾驭那些天赋的功能，才可以获得视听、思虑的实际效果。但他也指出，如果过分地去使用耳目的视听和心的思虑，其结果则将导致目不明、耳不聪、智识乱，从而也就不能起到辨黑白之色、别清浊之声、审得失之地的认识作用。因此，他又提出了"适动静之节，省思虑之费"的主张。韩非把认识主体分析为生理功能和精神能动两个层次，特别是对"心"也做了一般生理功能和主观能动两个层次的分析，也就是说，主体思维器官所具的思维能力与耳目的聪明一样，也要由主体去运用它，才能发挥其思虑的作用，成为一种主观能动的作用。这一论述，加深了对于认识主体能动性的认识。

王夫之对这一问题也有相当精彩的论述。他说："夫天与之目力，必竭而后明焉；天与之耳力，必竭而后聪焉；天与之心思，必竭而后睿焉。……可竭者天也，竭之者人也。"这与韩非"聪明睿智，天也；动静思虑，人也"的说法是一样的。他又说：

> 人之所以异于禽兽者，以其知觉之有渐，寂然不动，待感而通也。若禽之初出于㲉，兽之初坠于胎，其啄齕之能，趋避之智，啁啾求母，呴噢相呼，及其长而无以过。使有人焉，生而能言，则亦智侔雏麑，而为不祥之尤矣。是何也？禽兽有天明而无己明，去天近，而其明较现。人则有天道（命），而抑有人道（性），去天道远，而人道始持权也。

> 耳有聪，目有明，心思有睿智，入天下之声色而研其理者，人之道也。

这是说，动物只有本能而没有主体的思维能动作用，它生来的本能如何，至其长大也不会有所长进（经人类专门驯养者当除外）。人则不一样，他的认识是随其成长而不断进步的。这是因为人类主要不是按本能行动，而是要充分发挥人类的主体能动作用（即所谓"去天道远，而人道始持权也"）。因此，人不仅能感物而通，而且具有深入天下之声色而研究其道理的主体的思维能动作用。这是人和动物的根本区别之所在。王夫之在这里充分地表述了人类认识主体在认识过程中所特别具有的能动性的特点，其理论意义是相当深远的。

陆王心学把认识的基点定在反求诸己上，所以更是强调"尽心"、扩充"良知""致良知"等，要求充分发挥主体的能动作用。

王守仁（1472—1528）特别强调认识过程中的主客一体而不可分离的原则。这是从他的心物（心理）不二的基本立论中推衍出来的。他认为，离开人的心而去求物之理，哪有什么物之理？同样，离开物之理而去求人的心，这心又是什么东西呢？因此，在认识论方面，认识主体与被认识的客体也是不可分之为二的。他说，当认识主体与被认识的客体没有相接触时，主体与客体都归于暗寂未显的状态；而当认识主体与被认识的客体一旦相接触后，那么，认识主体与被认识的客体同时都会明白地显现出来。这就是王氏游南镇时与友人一段著名对话的主要意思。文载《传习录下》：

> 先生游南镇。一友指岩中花树问曰："天下无心外之物，如此花树在深山中自开自落，于我心亦何相关？"先生曰："你未看此花时，此花

与汝心同归于寂,你来看此花时,则此花颜色一时明白起来,便知此花不在你的心外。"

以往,这段话大都被引用来作为王守仁否定有独立存在的客体的主要证据,甚或认为,王守仁在这里提出了外物(客体)当未被感知时便不存在,它类似于巴克莱"存在就是被感知"的命题。如果单就王氏"便知此花不在你的心外"的结论来讲,以上的分析不能说没有一定的道理,但如果仔细读一下王氏的论证文字,则以上的分析未必完全符合他这段话的意思。首先,他这里所讲的"寂",不是"不存在"的意思,而是与下面的"明白"对文,为"暗寂"未显的意思;其次,王氏不是单讲"花"的"寂",而是讲"此花与汝心同归于寂",也不是单讲"花"的"明",而是讲"花颜色(颜色指心的感知)一时明白起来";再次,王氏讲"你未看此花时""你来看此花时",也还是以花的存在为前提的。

事实上,在任何一个具体的实际的认识过程中,只有当主客体相结合时,才有认识可言,这时认识的主体和被认识的客体才具有实际存在的意义。一个未被任何认识主体所认知的客体,是一个死寂的客观存在;同样,一个未与任何认识客体相接触的主体,也只是一颗死寂的心。仅就这一点来说，王氏的这一段论述，尚有值得注意之处。比如，他说的"你来看此花时，则此花颜色一时明白起来"，着重强调了客观事物的形色性质只有通过人的主观认识活动才能"明白"起来。其中也包含了这样的意思，即调动和发挥认识主体的主观能动作用，对于扩大和深化对客观事物的认识，有着重要的、积极的意义。

基于以上各家对于认识主体在认识过程中的能动作用及其重要性的认识，许多思想家们进一步探讨了关于认识主体修养的各种具体途径和方法。

| 2 |

在中国传统哲学中，最早明确提出关于主体修养的必要和方法问题的，大概是现存《管子》一书中的《心术上》。这篇文章中有这样一段话："'人皆欲知，而莫索之'。其所知，彼也；其所以知，此也。不修之此，焉能知彼？"意思是说，人都想要得到知识，但不能了解如何才能获得知识。人们所认识的是那个对象，而所以能去认识，则是人这个主体。不把这个认识主体修养好，怎么能认识那个对象呢？与此同时，在这篇文章中也提出了认识主体修养的原则和方法，那就是所谓的"静因之道"。

这里，"因"是最根本的原则。《心术》等篇的作者认为，事物本身都有一定的客观存在的形状以及与它相适应的名称，按照事物的形状而为它定名称，这就是"因之术"。所以说，所谓"因"也就是不做任何主观的增加或减少，而要按照事物的本来状态去认识它。"静"是贯彻"因"的原则的必要前提。他们认为，在事物到来之前就急躁妄动，是不可能去观察事物的，只有保持"心"的安静才能按照事物的本来面貌去认识它们。而要保持"静"，就需要先做到"虚"。"虚"一方面指去掉过多的"嗜欲"，因为他们认为"嗜欲充益，目不见色，耳不闻声"。所以说："虚其欲，神将入舍。"另一方面，"虚者无藏也"，即不要让已有的认识停留在"心"中，因为那样会妨碍接受新的认识。因此他们主张"物至则应，过则舍矣"。并且认为，"舍矣者，言复所于虚也"。人们如能保持"静"，则必能达到"一"，"一"主要是指专一。他们认为，如能专心一意，耳目必能端正，而观察更为深远的事物。

《心术》等篇中这些关于认识主体修养的思想，为荀子所继承和发展。他在总结前人各派有关理论的基础上而提出的"虚一而静"说，是中国传统哲学中最有代表性、最为概括的关于认识主体修养的理论，并且对于后世思想家有着深远的影响。

如前所述，荀子认为："凡万物异则莫不相为蔽，此心术之公患也。"意思是说，一切事物的差异，都会造成人们认识事物时的片面性，如看到了这一面就看不到那一面等，这是思想方法上的共同毛病。要克服这种"心术之患"和"蔽塞之祸"，就需要确立一个标准，即所谓"兼陈万物而中悬衡焉"，这样就可以达到"众异不得相蔽以乱其伦（类别、秩序）也"。荀子把这个"衡（标准）"叫作"道"。而人如何来认识和掌握"道"呢？则要靠"心"的"虚一而静"。他强调说，想求得道，只有虚才能进入；想学习道，只有一才能穷尽；想研究道，只有静才能清楚。所以说，如能做到"虚一而静"，就可达到认识上的"大清明"，一种极为透彻而毫无偏蔽的境界。

（1）

荀子说："人生而有知，知而有志。志也者，藏也。然而有所谓虚，不以所已藏害所将受谓之虚。""志"是记忆的意思。这是说，人生下来就会有认识，有认识就会有记忆，记忆就是藏。然而有所谓的虚，即不以已有的认识去妨碍将要接受的认识，这就叫作"虚"。这是从《管子·心术》中所讲的"虚者无藏也"的意思发展而来的。但是，两者有着很大的不同。《管子·心术》中所讲的"虚""无藏"，带有否定或取消记忆的意思，即所谓"物至则应，过则舍矣"。而荀子则是在肯定或保持记忆的前提下来讲"虚"的，所以只要求"不以所已藏害所将受"。显而易见，荀子所讲的"虚"，克服了《心术》中对待已有认识的消极态度，更切合人们认识过程中处理已有认识和将接受的认识之间的实际。事实上，正如荀子所讲的，有认识就一定有记忆，也就是说，人在一个新的认识之前，总已有各种各样的先入之见存于"心"中，这些先入之见往往又会集合为一种主观成见，对此如果没有自觉的话，就会妨碍或干扰将要接受的认识。完全"无藏"的"虚"不仅是消极的，而且也是不现实的。但是，"不以所已藏害所将受"的"虚"，不仅是必要的，而且通过自觉的主体修养是可以达到的。

荀子反对"纵欲"，但也反对"去欲""寡欲"，而是主张"节欲""导欲"和"养欲"，因此对于《心术》中提到的"虚"的另一层意思，即"虚其欲"方面，他一点也没有提起。

不过，如何认为和对待"欲"的问题，确实也是主体修养中的一个重要问题。孟子就强调说："养心莫善于寡欲。"（《孟子·尽心下》）道家学派也主张寡欲，甚至于无欲，他们认为，欲对于认识主体的影响极大。如老子说："五色令人目盲，五音令人耳聋，五味令人口爽，驰骋畋猎令人心发狂，难得之货令人行妨。"（《老子·第十二章》）

庄子也说过这样的话："其嗜欲深者，其天机浅。"(《庄子·大宗师》)这里"天机"指生来就具有的认识能力，"浅"是肤浅、低下的意思。这也就是说，嗜欲过多的人，他的天赋认识能力必然低下。所以道家竭力鼓吹"见素抱朴，少私寡欲""致虚极，守静笃"，以至于"同乎无欲"。

北宋理学创始者之一的周敦颐则明确认为，无欲是主体修养的最重要的准则。如他说："予谓养心不止于寡焉而存耳，盖寡焉以至于无。"又说："圣可学乎？曰：可。曰：有要乎？曰：有。请闻焉。曰：一为要。一者无欲也。无欲则静虚动直。静虚则明，明则通；动直则公，公则溥。明通公溥，庶矣乎！"宋明理学家严于"天理""人欲"之辨，一般都认为欲有蔽知的危害。如程颢说："人心莫不有知，惟蔽于人欲。"朱熹也认为，人的天赋灵明之所以昏昧，完全是被"气禀所拘，物欲所蔽"。因此，程颐说："'养心莫善于寡欲'，不欲则不惑。"朱熹更说："学者须是革尽人欲，复尽天理，方始是学。"心学的集大成者王守仁同样认为："此心无私欲之蔽，即是天理"，并要求人们"静时念念去人欲、存天理，动时念念去人欲、存天理"。

道家老庄的"无欲"说，是与他们否定人类认识活动的"弃智""无知"等理论联系在一起的，其消极性和片面性是一目了然的。宋明理学家们则是过分夸大了人欲的负面作用,过分强调遏制人欲对去蔽的作用,以至要"革尽人欲",表现为一种禁欲主义的倾向。而其后,戴震在批判宋明理学的禁欲主义时,则连同欲有蔽知的一面也给否定了。他认为,欲的毛病只是带来私,而与蔽无关。

其实,人的各种感情欲望是会对人的认识活动产生影响的,但这种影响绝不是单方面的,更不是只有负面的影响。在某种情况下,情欲会把人的认识引向片面的歧途;而在另一种情况下,情欲却可能正是求知解蔽动力。"纵欲"对认识活动定然无益,"无欲"对认识活动也未必有益。人们当善解"虚其欲"句,会得其意可矣。

(2)

荀子说:"心生而有知,知而有异,异也者,同时兼知之。同时兼知之,两也,然而有所谓一,不以夫一害此一谓之一。"(《荀子·解蔽》)这句话的大意是说,人的认识活动不可能是单一的,必定会同时遇到多种事物,进行多方面的认识活动("异""兼知"),而这就会造成认识活动中注意力的分散("两")。然而有所谓的一,即不要让那个认识去妨碍这个认识,这就叫作"一"。可见,荀子讲的"一",是指认识活动中集中注意力,专心一志的问题,荀子关于"一"的论述,比之于《心术》中所讲的"一"要丰富、深刻得多了。一则,他是在肯定"知而有异"和知可能"同时兼知之"的前提下来谈如何做到专一的。再则，他把"一"与"虚"的界限划得十分清楚。"虚"是处理已有的认识与将要接受的认识之间关系的方法，而"一"则是处理同一时中不同认识活动之间关系的方法。又，在荀子那里，"一"一方面是讲"专心"，如说："目不能两视而明，耳不能两听而聪"；再一方面则是讲"恒心"，如说："锲而舍之，朽木不折；锲而不舍，金石可镂。"他列举了一批传说中有特别成就的人物，指出他们的成功都是在于能"一"，即既能"专心"又有"恒心"。所以，他的结论十分明确："自古及今，未尝有两而能精者也。"

专心一志对于认识的重要性是显而易见的，要获得认识，要深化认识，要扩大认识，都是离不开专心一志的。但是，要做到专心一志却不是一件容易的事。所以，除了荀子特别提出"一"来讲以外，历代思想家也不厌其烦地反复强调专心一志的必要和重要。孟子关于奕秋诲徒的故事，是人们十分熟悉的比较专心一志与否，以及其不同结果的有名典故。现存《刘子新论》一书中有《专学》一篇，更以围棋国手奕秋和算学专家隶首为例说明，即使像这样的名家高手，如果在下棋或计算时心神分散，而人们若在此时去问他们应当如何下子，如何算数，那他们就会连最起码的棋道和算法都回答不上来。所以，作者强调说，学者只有"精勤专心"，才有可能"入于神"。

宋明理学家们也十分重视专心一志在认识活动中的意义，并把专一的养成，当作一项重要的道德修养内容来对待。朱熹说："为学须是专一。吾儒唯专一于道理，则自有得。""既知道自家患在不专一，何不便专一去。"程朱理学在讲主体修养时特别强调"敬"这个项目，而"敬"的主要内容，则正是"专一"的意思。朱熹晚年的高足陈淳，在他所著的《四书性理字义》一书中，对于程朱理学所讲"敬"的内涵，有一全面综合的叙述，简明扼要，深得主旨。今摘录其中主要段落，以见一斑。如说："程子谓：'主一之谓敬，无适之谓一。'文公（朱熹）合而言之，曰'主一无适之谓敬'，尤分晓。""主一只是心主这个事，更不别把个事来参插。若做一件事，又插第二件事，又参第三件事，便不是主一，便是不敬。""无事时，心常在这里，不走作，固是主一。有事时，心应这事，更不将第二第三事来插，也是主一。""无适者，心常在这里，不走东，不走西，不之南，不之北。"总之，"程子就人心做工夫处，特注意此字。盖以此道理贯动静，彻表里，一终始，本无界限"。"格物致知也须敬，诚意正心修身也须敬，齐家治国平天下也须敬。敬者，一心之主宰，万事之根本。"这里对"敬"的作用和地位的无限夸大，是十分幼稚和荒谬的。但是，他们指出在求知行事中必须保持精神思想的"主一无适",则还是有其合理性的,也是值得我们在认识主体的修养中加以提倡的。

(3)

荀子说:"心,卧则梦,偷则自行,使之则谋。故心未尝不动也。然而有所谓静,不以梦剧乱知谓之静。"这句话的意思是说,睡觉时会做梦,闲散时会随便乱想,使用时会出谋划策,所以说"心"这个"思之官"无时无刻不在活动着。然而有所谓的静,不要让梦中的幻觉和闲散时的随便乱想去干扰正常的认识活动,这就叫作"静"。"静"与"虚"之间的界线是比较含混的,"虚静""静虚"经常是并用的联绵词,可作互训。在《管子·心术》中,"静"与"虚"也并没有分得很清楚。但是,荀子在这里对"静"与"虚"的内容,则做了相当明确的区别和界定。同时,他又是在肯定"思之官"无时无刻不处于"动"的前提下来谈"静"的。因此,他对于"心"的"动"与"静"的关系的分析,要比《管子·心术》中对于"静"的理解,丰富具体得多。

荀子与许多中国古代思想家一样,也以镜子或水来比喻"心"。因镜或水只有保持平静,才能照清东西,于是认为心也必须保持平静,才能认清东西。他说:"故人心譬如盘水,正错(放置)而勿动,则湛浊在下,而清明在上,则足以见须眉而察理矣。微风过之,湛浊动乎下,清明乱于上，则不可以得大形之正也。心亦如是矣。故导之以理，养之以清，物莫之倾，则足以定是非决嫌疑矣。小物引之，则其正外易，其心内倾，则不足以决粗理矣。"在《庄子·天道》中也有相同的比喻，如说："圣人之静也，非曰静也善，故静也；万物无足以铙心者，故静也。水静则明烛须眉，平中准，大匠取法焉。水静犹明，而况精神？圣人之心静乎，天地之鉴也，万物之镜也。"这种比喻是极其素朴的，但是荀子能注意到幻觉和随便乱想与正常认识之间的区别，并由此提出通过保持"思之官"的平静，排除幻觉、乱想的干扰，以求得正确认识的思想，则还是相当深刻的。

北宋的周敦颐倡导"无欲""虚静""立诚"，把"主静"看作是圣人订立的人生准则的一项重要内容。这以后，"主静"之说在宋明理学家中有着极大的影响。如程颢认为，"性静者可以为学"；程颐则每见人静坐，便叹其好学。朱熹也认为静是根本，他说："人身只有个动、静，静者，养动之根；动者，所以行其静。"陆九渊"谓人读书为义外工夫，必欲人静坐，先得其心"。但是，二程朱陆都与周敦颐的完全"主静"不同，他们认为完全"主静"也是一偏。所以，在二程那里更多的是讲"主敬"。小程说："如明镜在此，万物毕照，是镜之常，难为使之不照。人心不能不交感万物，亦难为使之不思虑。

若欲免此，唯是心有主。如何为主？敬而已矣。"又说："敬则自虚静，不可把虚静唤做敬。居敬则自然行简，若居简而行简，却是不简。"这是说，心不可能没有感应，然只要能居敬，即可防止思想的杂乱。敬包含了静，而不会有以静为静的流弊。朱熹为预防因说"静"而误入释氏之学，故力张二程"主敬"说，以"敬"字贯于"动静"。他还认为，片面强调静也是不恰当的。如他说：

> 如何都静得？有事须著应。人在世间，未有无事时节，……自早至暮，有许多事。不成说事多挠乱，我且去静坐。敬不是如此。若事至前，而自家却要主静，顽然不应，便是心都死了。

陆九渊也反对片面"主静"，他说："何适而非此心？心正则静亦正，动亦正；心不正则虽静亦不正矣。"又如，他对吕子约"宜于静未宜于动"的说法，批评说："此甚不可。动静岂有二心？既未宜于动，则所谓宜于静者，本未宜也。"以上朱陆的批评，对纠正片面主张"主静说"所带来的理论上和实践上的谬误，是有一定意义的。

至明代，"主静"之说，仍为许多理学家所积极提倡。如明初著名学者陈献章，据《明史》本传记载："献章之学，以静为主。其教学者，但令端坐澄心，于静中养出端倪。"陈氏确实十分推崇"静"字，他说：

> 伊川先生每见人静坐，便叹其善学。此一'静'字，自濂溪先生主静发源，后来程门诸公递相传授，至于豫章、延平二先生，尤专提此教人，学者亦以此得力。晦翁恐人差入禅去，故少说静，只说敬，如伊川晚年之训。此是防微虑远之道，然在学者须自度量如何，若不至为禅所诱，仍多着静，方有入处。

黄宗羲在《明儒学案》中批评他说："静坐一机，无乃浅尝而捷取之乎？""静中养出端倪，不知果是何物？……终是精魂作弄处。"这是有一定道理的。不过，如陈氏所说的，"善学者主于静，以观动之所本；察于用，以观体之所存"则还是有一定的认识论方面的意义的。这也正如明初另一位著名学者薛瑄所说的："学问实自静中有得。不静则心既杂乱，何由有得！"又更做比喻说："水动荡不已则不清，心动荡不已则不明。故当时时静定其心，不为动荡所昏可也。"至于王守仁则主"动静合一"说。他说："人须在事上磨，方立得住，方能'静亦定，动亦定'。""若靠那宁静，不惟渐有喜静厌动之弊，中间许多病痛只是潜伏在，终不能绝去，遇事依旧滋长。"又，他在教导刘君亮要在山中静坐时说："汝若以厌外物之心去求之静，是反养成一个骄惰之气了；汝若不厌外物，复于静处涵养，却好。"王氏的论述，对于纠正明初陈、薛之偏，与二程朱陆之纠宋初周氏之偏，有相类处。

如果把"静"理解为厌弃外物，物来无应，那么真就要像朱熹说的那样了："若事至前，而自家却要主静，顽然不应，便是心都死了。"这对于认识来讲，毫无意义。然而，如果把"静"理解为一种使头脑保持清醒，不为各种主客观的动荡、杂乱所干扰的功能，那么，这正是认识主体修养中极其需要的一个方面。

除"虚壹而静"外，中国传统哲学中还有许多关于认识主体修养的理论和方法是值得今人去发掘和阐明的。在此我想再列举两点，作一简单的介绍。

"诚"是中国传统哲学中的一个重要概念，它既有本体论上的意义，也有道德论、认识论上的意义。从先秦的《中庸》、孟子、荀子等，经唐之李翱，到宋明理学各大家，无不把"诚"作为主体修养中最重要的节目之一，并把其作用夸大到无以复加的地步。对此，因非本文主旨，不拟多加分析，仅于在文中引一些资料以供参考。这里只想征引《中庸》中的两段话："自诚明，谓之性；自明诚，谓之教。诚则明矣，明则诚矣。""惟天下之至诚，为能尽其性；能尽其性，则能尽人之性；能尽人之性，则能尽物之性。能尽物之性，则可以赞天地之化育；可以赞天地之化育，则可以与天地参矣。"这两段话对宋明理学有很大影响，意思是说，"诚"的修养，或者说"诚"的道德培养，对于认识天地万物有着密切的关系。

"志"也是中国传统哲学中的一个重要概念，主要用在道德修养方面。但是，不少著名思想家也注意到了"志"在认识论方面的含义。如荀子就说："无冥冥之志者，无昭昭之明；无惛惛之事者，无赫赫之功。"程颐则说："学者先务，固在心志。"朱熹也说："学者大要立志。所谓志者，不道将这些意气去盖他人，只是直截要学尧舜。……学者立志，须教勇猛，自当有进。志不足以有为，此学者之大病。""立志要如饥渴之于饮食，才有悠悠，便是志不立。"

无论是"诚"还是"志"，主要都是讲的主体的道德修养方面的问题，但它们确实又都与主体的认识活动有密切的关系。正如前面讲到的"专"中包含着的"恒心"这一层面的意义，其实主要也是属于道德修养方面的问题，但离了它要取得认识上的成功是绝对不可能的。中国传统哲学中这方面的贡献十分丰富，今人有责任去积极地继承和发扬。

第八讲

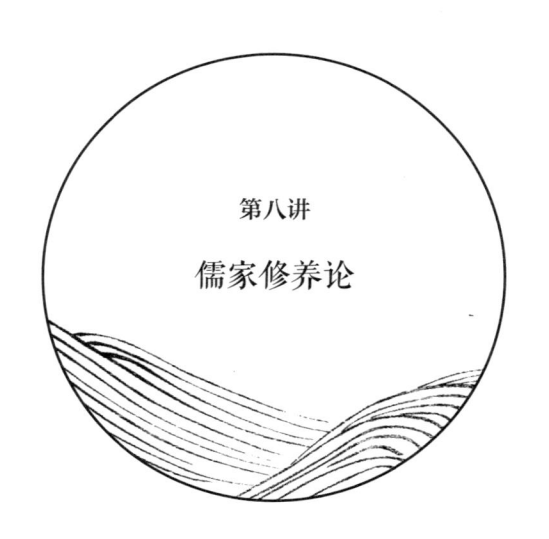

儒家修养论

我们可以看到，在基本人格的确立、基本伦理观念、基本道德规范的养成方面，他们着重强调的是社会良好环境的创造，以及师友、父母的身传言教。而在人格的提升，伦理观念的深明和道德规范的自觉、道德境界的向上方面，则着重强调的是个人的学习和修养。

| 1 |

人与动物的本质区别究竟在什么地方？古今中外的前贤硕儒，从不同的角度进行过大量的探讨和论述。有的以人具智识理性与动物区别开来，有的以人不能离群（社会组织、人际关系）为与动物区别的标志，有的以人的行为的自觉性和合目的性为与动物的本质区别，有的以人有伦理观念、道德意志为与动物的根本区别，等等。这些论点，虽说有深浅的不同，有本质和非本质的区别，但并不

是互不相容的。如果人们能够正确地理解这些从不同角度说明人与动物区别的论述，则对于全面把握人的本质都还是有其理论价值的。

中国古贤们在上述各种理论中，更强调的是把是否具有伦理观念和道德意志作为区别人与动物的根本标志。如孟子说：人与禽兽的差别只有那么一点点，一般人常常轻易地丢弃它，而君子则牢牢地保住它。这一点点的差别就在于人是具有伦理意识、道德情感的。所以，孟子又说，没有恻隐之心，没有羞恶之心，没有辞让之心，没有是非之心，是不能称作人的。荀子在论述人与万物区别时也特别强调说，人是因为具有了礼义，才成为天下万物中最尊贵者的。他还说，天上最明亮的是日月，地上最明亮的是水火，万物中最明亮的是珠玉，而对于人类来说，最明亮的则应当说是礼义了。孟荀以上的论述，代表了中国传统文化对于人与天地万物本质区别的最基本观点。《礼记》中归纳说，人如果不讲礼义，即使能说话，那也还是禽兽之心。禽兽没有礼义，父子可同与一雌性禽兽发生关系。因此之故，圣人出来制定礼义以教化人，使人因有礼义而自觉地与禽兽区别开来。以后各时代、各学派学者的有关论述，虽说也有不少发展和丰富，但从总体上讲，都没有超过这一基本观点。

基于以上对于人的本质的理解，所以在中国传统文化中，尤其是儒家文化中，把人格的确立（以区别于禽兽）和提升（以区别于一般人）放在第一位，因而也就特别强调伦理观念、道德规范的教育和养成。儒者们十分推崇孔子"学而不厌，诲人不倦"的精神，重视个人的学习和对他人的教育。而在他们的心目中，学和教的首要内容是完全相同的，即学习和教人如何做人（为人），亦即确立和提升人格的问题。孔子尝说："古之学者为己，今之学者为人。"（《论语·宪问》）所谓"为己""为人"的意思，可以用孟子的一段话来作说明。孟子说：

> 有天爵者，有人爵者。仁义忠信，乐善不倦，此天爵也；公卿大夫，此人爵也。古之人修其天爵，而人爵从之；今之人修其天爵，以要人爵；既得人爵，而弃其天爵，则惑之甚者也，终亦必亡而已矣。（《孟子·告子上》）

荀子的解释则说："古之学者为己，今之学者为人。君子之学也，以美其身；小人之学也，以为禽犊。"（《荀子·劝学》）这里的"美其身"，就是"为己"，相当于孟子讲的"修天爵"，指人格的提升；而所谓的"为禽犊"，就是"为人",相当于孟子讲的"要人爵",即把"学"作为追求名利的手段,这是儒家大师们最为反对的。这里,我们还可举出南宋两位不同学派的著名学者的论述为例,来说明这一点。如心学大家陆九渊说:人们学习究竟为了什么?人生在天地之间,做人就应当尽其为人之道。因此,人们之所以求学,就是学如何为人而已,没有其他的目的。理学大家朱熹则在他的《白鹿洞书院揭示》中说道:考察以往圣贤之所以教人,无非是让人们探求明白做人的道理,进行自我修身,然后推以及人。并不只是教人们广闻博记,写漂亮文章,以便去沽名钓誉,追求利禄。

在中国传统文化中,关于建立人的伦理道德的根据问题,有着各种不同的、甚至相反的观点。如有的以性善论为建立人的伦理道德的根据(如孟子等),有的则以性恶论为建立人的伦理道德的根据(如荀子等)。此外,也还有性无善无恶、性有善有恶、性可善可恶等种种理论。尽管在建立人的伦理道德的根据上有如此众多的分歧,然而在如何才能建立起人的伦理道德,或者说如何才能成为一个真正的人方面,则几乎是完全一致的,即都认为必须通过教育、学习和修养。孟子认为,人人都具有"亲亲""敬长"的"良知""良能",人人都具有"恻隐""羞恶""辞让""是非"之心,是为为善之端。所以,从根本上来说，人的本性是善的。但是，由于环境的影响和个人的懈怠，这些善的本性在不断地丧失，如果没有教育、学习和修养，这些"良知""良能"和为善之端，是不会自动地发展为仁义礼智等道德行为的，当然也不会成为具有完善人格的人的。所以他说："学问之道无他，求其放心（放逸、放失之心）而已矣！"荀子认为，人生而好逸恶劳，好利恶害，有好利心、疾恶心和耳目之欲求等，如果顺其发展，必然走向争夺暴乱。所以，从根本上来说，人的本性是恶的，必须有待于教育、学习和自我修养，才能使人成为一个有伦理观念、遵守道德规范的人。因此，荀子所著之书，首篇即题为"劝学"。他说，从学的意义来讲，就是要从学做一个懂礼义的人开始，而最终成就为一个圣人。从这一意义来讲，学是一刻也不能没有的。学了就能成为一个人，不学就会沦为禽兽。

总观历代儒家学者的有关论述，我们可以看到，在基本人格的确立、基本伦理观念、基本道德规范的养成方面，他们着重强调的是社会良好环境的创造，以及师友、父母的身传言教。而在人格的提升、伦理观念的深明、道德规范的自觉和道德境界的向上方面，则着重强调的是个人的学习和修养。孔子说，实践仁的品德，完全是自己的事，难道还要靠别人！又说，仁的品德离我们很远？不，我想要得到它，它就会来到。孟子也说，君子遵循正确的道理和方法去不断地提高，主要是要求他自觉地有所得。正确的道理和方法，就像大路一样一目了然，哪有什么难以了解的？所怕的是人们不去求罢了。这些话都强调了个人修养在提升道德人格方面的决定作用。毫无疑问，社会环境对于人格品德的形成和提升是有着巨大影响的，但同时显而易见的事实又是，生活在大致相同社会环境中的人们，在人格品德等各个方面却往往存在着极大的差异。这说明，同样的社会环境对于不同的人，所发生的影响和效果是很不相同的。究其原因，主要是与每个人的主观努力和接受程度直接相关。而从理论上讲，也就是人们常说的，外因必须通过内因起作用。这就是个人修养既必要又重要的现实根据和理论根据之所在。

近代以来，人们对于儒家的修养论有许多十分严厉的批判，其中不少是缺乏科学性的，但如果把它放在近代反封建的历史背景下去考察，这些严厉的批判也还是可以理解的。然而，在史无前例的十年"文革"期间，却大大地发展了这种对传统文化不科学的批判运动。它首先把传统文化中儒家的修养论定为封建地主剥削阶级的、唯心主义的货色，然后去批判刘少奇的《论共产党员的修养》。因为刘少奇在该书中充分肯定并强调了共产党员自我修养的必要性和重要性，同时也认为在中国儒家中有许多修养身心的方法是可以借鉴利用的。而通过对刘少奇《论共产党员的修养》的批判，不仅进一步否定了传统文化中儒家的修养论，甚至进一步完全否定了一般的自我修养的必要性。应当指出，"文革"期间炮制出来的这种完全否定自我修养的谬论，一度给社会的道德教育带来了极大的冲击、极坏的影响。至今，人们也不应当忽视其在理论上和思想上所造成的混乱，而应当予以必要的澄清。事实上，随着物质文明的高速发展和世界交往的日益开放，社会对于现代人的品质要求是越来越高了。所以，对于现代社会的每一个成员来说，不是要不要自我修养的问题，而是如何加强自我修养以适应现代化社会的问题。古语说得好："玉不琢不成器，人不学不知道。"这是一个朴实无华、颠扑不破的真理。

| 2 |

我国古代哲人们在修养问题上有着极其丰富的理论阐发和实践原则，对于这些理论和原则我们不仅要进行历史的整理研究，而且要根据时代的需要"择其善者而明用之"，即选择其精华，阐明其现代意义，把它运用到现代

人的修养生活中来。以下，就儒家修养论所论及的有关修养范围和方法等方面做一些考察，探求其中有没有值得我们今天借鉴、吸收和发展的东西。

儒家所讲的修养主要是道德方面的修养，但他们所讲的道德是一种广义上的道德，它包括了作为一个社会的人所应具备的各方面的基本品质。因此，儒家讲的修养范围，实际上包括了一个人的文化、艺术、性格、品德等多方面的修养。儒家在这方面有许多论述是相当深刻的，很值得我们择其善者而明用之。

文化修养，首先当然是一般文化知识的接受和提高。由于儒家着重强调的是道德教育和修养，所以在许多人的印象中都认为，儒家轻视一般文化知识的教育和修养。其实，这种印象是不够全面的。在中国历史上，儒家是以从事社会国民教育为主要职业的一个学派。他们的教育对象，从幼儿开始到各种专门人才都有。他们的教育内容，则从童蒙识字开始到各种专门知识的传授。《论语》记载，孔子以四方面的内容教育学生，首先教的是历史文献。他也认为，通过学习《诗经》，不仅可以学到许多做人的道理，同时也可以增加许多关于鸟兽草木方面的知识。孔子非常注意"因材施教"，在他的学生中既有以德行著称的颜渊、闵子骞等；也有专长于政事的冉有、季路等；同时也还有语言方面的专家，如宰我、子贡等和文学方面的专家，如子游、子夏等。可见，儒家对于文化知识教育是相当重视的。他们反对的只是为知识而学知识的倾向，而强调学知识要有助于提高人的道德品质。在今天新知识层出不穷、瞬息万变的信息时代，人们如果在文化知识方面不能不断地提高和更新，则必将被时代所淘汰。但是，在人们不断提高和更新文化知识时，也不能回避这样一个问题：这些高、新、精、尖的知识，在迅速提高人们的物质生活水平的同时，是否有利于改善人的整体生存环境，是否有助于人的精神生活的提升？目前世界上日益热门的研究课题，如新兴的生态伦理学（我以为还应当提出科技伦理学），以及古老的人生价值论等，正是由此而提出来的。这样，儒家把一般文化知识与伦理联系起来的传统观念，对以上今天人们所关心和思考的热点问题，不也还是有某种启发意义的吗？

儒家所讲的文化修养，不单单是知识的高低多少，同时也表现在一个人的礼仪风度方面。我觉得，这一点在今天似乎很有必要特别提出来讲一讲。今天，我们许多人似乎特别欣赏那些在礼仪上不拘小节的人，认为这样才是"潇洒"。而在我们对中小学青少年的一般文化教育中，也主要偏重于知识的传授，而对他们的基本礼仪规范的养成教育是很不够的。更令人担忧的是，今天有一些"小皇帝"们，在"二"（父母）加"四"（祖父母、外祖父母）的百般溺爱下，不知礼貌仪表为何物。孔子是"席不正不坐""割不正不食""食不语，寝不言"（《论语·乡党》）。举这个例子，并不是说要我们今天的人还要完全照孔子的样子去做。但是，我想一个坐没有坐相，站没有站相，吃没有吃相，穿着邋遢以及见了尊长连个招呼都不打，麻烦了别人连句感谢话也不说，在公共场所目无他人、任意所为的人，总不能说是一个有文化教养的人吧？礼貌、仪表、风度是反映一个人文化素质高低的重要方面。在儒家经典《仪礼》《礼记》等著作以及许多著名学者的"家训""学规"中，有大量的关于日常衣食住行、待人接物等方面的礼仪规范。其中有相当一部分，在经过新的解释后，是可以作为今日礼仪教育或修养之用的。而且，不仅可以作为青少年基本品德养成教育和修养之用，甚至也可以作为各行各业成人职业礼仪教育和修养之用。

人们常说中国传统文化是一种富于伦理精神的文化，殊不知中国传统文化还是一种具有丰富艺术精神的文化。可以毫不夸张地说，在中国传统文化中，伦理精神与艺术精神。犹如车之两轮、鸟之两翼，两者相辅相成，相得益彰。儒家对于艺术教育和修养的重视。丝毫也不亚于对伦理道德的教育和修养。在他们看来，艺术修养有助于道德修养，同样是达到完美人格不可或缺的一个基本组成部分。在先秦儒家那里，艺术教育和修养的主要内容是"诗教"与"乐教"。孔子教训他的儿子伯鱼，"不学诗，无以言"（《论语·季氏》），意思是说，不学习古代诗歌就不会应对酬答。他认为，认真地学习古代诗歌，可以感发起人的心志，提高观察能力，培养合群性，学得表达感情的方法而且诗歌中所讲述的道理，近则可以用于事奉父母，远则可以用于服侍君上。此外，学习诗歌也还可以多识鸟兽草木的名目。

对于音乐，儒家尤为重视，总是把它与礼相提并论。他们认为音乐体现了一种和谐精神，音乐最能深刻感动人心，最能迅速变化人的性情，从而起到移风易俗的作用。孔孟荀诸子，都注意到了不同的音乐会对人发生不同的影响，会产生不同的社会效果。有的使人哀伤，有的使人悲壮，有的使人淫荡，有的使人端庄。所以，儒家十分重视音乐的格调和品位，认为一首好的乐曲应当是美与善的统一。随着时代的发展，艺术的样式和内容越来越丰富多样，书法、绘画、戏剧、小说等，也都成为人们表达情感、陶冶性情、提升格调的手段与方式。

在魏晋玄学崇尚自然、得意忘象等理论和思维方式的影响下，形成了中国艺术以"立意""传神""求韵味"为上的重要特点和根本精神。中国的艺术作品内涵丰富，具有深邃的哲理性。它寄托着创作者深层的感情，又启发着欣赏者无限的情思。艺术活动，无论是创作还是欣赏，都是一个人内心感情最直接的表露，反映了他对于自然、社会、人生的理解和追求。艺术创作中立意的正邪、欣赏趣味中格调的高低，也就会反映出或影响到一个人的品格或境界的正邪与高低。因此，通过艺术修养培养起高尚的艺术欣赏趣味来，这对于高尚人格、理想人生境界的追求和确立有重要的积极的意义。追求艺术的完美与追求人生的完美，在其终极处是相通的、一致的，这就是中国传统文化中艺术精神的体现。

通过艺术修养，人们不仅能培养起高尚的创作或欣赏趣味，而且还能够从中体悟到不少自然、社会、人生的哲理。艺术修养不但能提升人的精神生活，同时也能提高人的实际理事处世能力。艺术的完美离不开和谐，艺术家们对于诗句的平仄对仗、乐章的高低缓急、画面的经营布置、舞台的人物调度，无不煞费苦心，其目的无非是求得某种完美的和谐。艺术作品所达到的和谐程度，反映了一位艺术家水平的高低。推而广之,一切通过经营布置以达到完美和谐的活动,都可称之为一种艺术创作活动。因此,一个真正领会和把握了中国艺术精神的人,他一定能够巧妙地运用艺术的手法去经营布置好各种自然、社会与人际之间的复杂关系,使之达到某种合理的、最佳的和谐与协调状态。艺术修养对于人生的重要,于此可见一斑。

儒家在修养论中还提出了一个"变化气质"的问题。所谓"气质",许多儒者都把它说成是与生俱来的,而另一些学者则认为是后天习染所成。从现代科学的观点看,所谓"气质",与个人某些先天的生理特征有一定的关系,但最主要的还是由后天的环境影响形成的,它大致相当于我们今天所讲的"习性"。变化气质,改变习性,也就是上文所提到的性格修养。北宋著名哲学家张载十分重视变化气质的问题。他认为,求学最大的益处是在于能使人自觉地改变自己的气质,否则的话,学问反而会对人有害。而变化气质是与能否虚心互为表里的。由此看来,儒家所讲的"气质"含有某种贬义,是与心浮气躁、骄傲自满等习性联系在一起的。所以,儒家强调的"变化气质",如果从正面来讲,主要是指的涵养与意志等方面的修养和锻炼。

一个趾高气扬、自以为是、指手画脚、高谈阔论的人，人们一定会说他是一个缺少涵养的人。所以，变化气质而使自己成为一个有涵养的人，其关键和目标就在于要能虚心地待人接物，这也就是人们所说的涵养功夫。在孔子的弟子中，曾参是一位特别注重修养的人，他说的"吾日三省吾身"，是早为人们熟知的名言。此外，他更大力提倡要向在才能上、学问上不如自己的人请教。而自己则应当表现为像是一个没有学问、腹中空空的人那样。即使是受到了别人的欺侮，也不要与人计较。他说，他从前的一位朋友（指颜渊）就是按照这样的教导去进行修养的。一个人要做到时时事事都能够谦虚谨慎并非易事，尤其是要做到如曾子所说的不耻下问，更是需要经过长期的自我修养才有可能达到的。汉末思想家徐干曾说，人的品德就如同一个器皿，器皿是空的才能装进东西，满了就装不进东西了。所以，一个人应当经常地保持虚心和恭敬，不要以自己有超群之才，而凌驾于别人之上。要处处看到别人的优点，而时时看到自己的不足。这样，别人才会愿意帮助你、教导你。古语说："人道恶盈而好谦。"又说："满招损，谦受益。""君子以虚受人。"这些都是儒家学者所推崇的人生哲理，而至今读来也仍然不失其为为人处世的至理名言。

汉代著名儒者刘向，在他编撰的《说苑》一书中，记载了一个孔子由观周庙中一种空时倾斜，注入一半水时持平，而灌满水时就倾覆的器皿（"欹器"），而得到"恶有满而不覆者"的启发的故事。并且借子路之问，进一步引发出了孔子关于"持满之道"当"挹而损之"和如何"损之"的一番议论。所谓"挹而损之"，就是从灌满水的器皿中舀出一些来，使它不致倾覆。以人的修养来讲，其损之之道的具体内容，则如孔子所说，当是"高而能下，满而能虚，富而能俭，贵而能卑，智而能愚，勇而能怯，辩而能讷，博而能浅，明而能暗"。这就叫作"损而不极"，即保持一定的空虚，而不是满到了极点。最后，孔子十分肯定地说："能行此道，唯至德者及之。"今天，我们以这个故事和孔子所论述的"持满之道""损之"之道来作为个人修养的教材，也还是相当生动而深刻的。

孟子为他心目中的"大丈夫"（真正的人）立了三条标志，即"富贵不能淫，贫贱不能移，威武不能屈。"（《孟子·滕文公下》）确实，一个人如果真能做到这三条，那他就是一位无愧于天地，具有高尚品德的真正的人。然而，一个人要真正做到这三条又谈何容易。他需要长期地进行品德方面的修养，树立起一个正确的人生观和价值观，才有可能达到的。在这方面，儒家以"义利""公私""苦乐""生死"等这些人生面临的最现实的价值选择问题，对人们进行基本的品德修养教育，是很值得今人注意的。因为，现代人的品德修养教育同样也离不开这些基本的人生价值选择。而儒家学者在这方面的许多精辟论述，无疑也还是可以作为今天人们品德修养的指导的。

讲到"义利"问题，儒家总的倾向是重义而轻利、先义而后利，主张以义制利、见利思义。在当今这个以功利为上的世界里，如果有人按汉代大儒董仲舒所提倡的"正其谊不谋其利，明其道不计其功"的训条去做，则将被人们视为迂腐。其实，无论哪一个社会，也总是有这么一些只问耕耘不计功利的"迂腐"者的，他们的真诚和高尚的品德是无可非议的。我们并不要求每个社会成员都这样去做，都要达到这样的境界。但是，我们总也不会希望社会每个成员凡事都斤斤计较于功利吧！当然，更不会希望人人唯利是图，见利而忘义。因此，希望人们做到如清初大儒颜元修正后的训条："正其谊以谋其利，明其道而计其功"，也就不能说是过分的要求了。

在"公私"问题上，儒家一贯强调大公无私、先公后私，提倡公而忘私，反对假公济私。随着时代的发展，

"公"和"私"的具体对象和内容都已发生了根本的变化，但是，我想在处理公与私两者之间的关系上，则儒家所强调的这些原则至今仍然是正确而有效的。

在"苦乐"问题上，儒家历来不以物质生活的贫富论苦乐，而是以精神生活的充实与否论苦乐；又以为个人之苦乐算不了什么，众人的苦乐才是真正的、最大的苦乐。历史上儒者所称道的"孔颜乐处"就是一种安于物质生活的贫困，而去追求充实的精神生活的"乐"。孟子则反对"独乐"而强调要"与民同乐"。他曾以欣赏音乐为例说，一个人乐，不如与他人一起乐；与少数人乐，不如与所有人一起乐。北宋大政治家范仲淹的名言："先天下之忧而忧，后天下之乐而乐"，可以说集中地表达了儒家的"苦乐"观。

至于"生死"问题，孔子说的"死生有命"，代表了儒家对待自然生死问题的基本态度。而对于来自社会原因的生死问题，儒家则总是与"义利""公私"等问题联系在一起，而始终提倡"杀身成仁""舍生取义"，而反对"苟且偷生"。儒家这些有关"苦乐""生死"方面的基本观念和精神，至今也还是值得肯定和应当效法的。

| 3 |

儒家在修养论上十分强调"知行合一",也就是说,修养既要在认识上弄清道理,而且要在行为上身体力行。由此,他们在"求知"和"力行"方面,提出了许多具体的修养方法,其中也不乏可供今人择善而用之的东西。

儒家讲修养,首先讲立志。所谓"立志",就是要确立宏大的、坚定的志向,明确自身的责任和奋斗的目标。孟子讲:"故天将降大任于是人也,必先苦其心志,劳其筋骨,饿其体肤,空乏其身,行拂乱其所为,所以动心忍性,曾(增)益其所不能。"(《孟子·告子下》)这是大家都很熟悉的一段话,他在这里指出了一个事实,即一个要承担天下重任的人,必定要受到种种艰难困苦的磨炼。由此也可知,只有那些有宏大而坚定志向的人,才会自觉地去进行修养,主动地接受种种艰难困苦的磨炼。孔子的弟子子夏说:广博地学习而且志向坚定不移,诚恳地讨教而且联系实际思考,这样仁德就在其中了。宋儒程颐在解释第一句话时说,"学不博则不能守约,志不笃则不能力行",明确地指出了坚定的志向对于修养实践的重要性。

反过来说，一个志向不坚定的人，他的修养是不能成功的；而一个志向不宏大的人，他的修养至多也只能成就为一个独善其身者。

儒家以"反求诸己""改过迁善""见贤思齐"为修养之要旨。孔子说："君子求诸己，小人求诸人。"所以他总是强调"不患人之不己知，患其不能也"。而从来是"不怨天，不尤人"的。孟子则更具体而明确地说：如果你爱别人而别人并不亲近你，那就应当反思你的仁爱是否真诚；如果你治理别人而别人并不服从你的治理，那就应当反思你的智慧是否足够；如果你礼貌待人而别人并不敬重你，那就应当反思你的礼貌是否虔诚。总之，一切行为如果在实现中达不到预期效果的，都应当"反求诸己"。反求诸己就是要能发现自己的不足或过错，不足者补足之，有过错则不讳言而勇于改过。儒家是允许人们犯过错的，只是要求人们知错必改。诚如孔子所说，"过则不惮改""过而不改，是谓过矣"。程颐在解释这一思想时，进一步发挥说："学问之道无他也，惟其知不善则速改以从善而已。"又说："君子自修之道当如是也。"朱熹也说："自治不勇，则恶日长，故有过则当速改，不可畏难而苟安也。"不足者补足之，则就要善于发现别人的长处，积极主动地学习别人的长处，这就是儒家常说的"见贤思齐"。而如果当你见到别人身上"不贤"的方面,则应当赶紧反思一下,自己是不是也存在着这方面的问题,以便一并改过。修养就是要通过平时长期的自我锻炼、自我改造以适应环境、改造环境。所以,儒家在修养中强调"严以律己""反求诸己""见贤思齐""改过迁善"等,仍然是我们今天进行修养的有效方法。

在"严以律己"方面,儒家还提出了一个"慎独"的修养方法。所谓"慎独"的主要含义是洁身自好的意思。如孟子说:古时候的人,得志时则普施恩惠于百姓,不得志时则修品德以显于世。一个人不通达时应当"独善其身",而当其通达之时则应当"兼善天下"。孟子所谓的"独善其身",也就是"洁身自好"的意思。荀子最早提出"慎其独"这个命题,并把它与"诚"(诚实不欺)的概念联系在一起。他认为,一个人的修养,最重要的就是要做到"诚"。君子有至德,所以为人们理解、亲近与尊敬,这都是因为他能慎其独的缘故。然而,只有做到诚,才能慎其独,只有慎其独,才能显示出至高的品德,才能支配万物、教化百姓。以后,儒家重要经典《大学》《中庸》也都讲"慎其独",进一步发挥了荀子所强调的"诚"的思想。如把"慎其独"解释为"诚其意",

而"诚其意"就是"毋自欺";或者说,在人们看不到、听不见的地方要格外的谨慎,不可做出亏心事来。后人引申此意,有所谓"不欺暗室"之说。宋明理学家大都十分赞赏"慎独"的修养方法,因此近代以来也常常受到人们的批评和否定。不过,我以为朱熹在讲解《大学》"慎其独"一句时说的:"独者,人所不知而己所独知之地也。言欲自修者知为善以去恶,则当实用其力,而禁止其自欺。"还是很有道理的。试问,一个连"毋自欺"都做不到的人,还谈得上什么修养?

进行自我修养也与做其他事一样,要从一点一滴做起,要能专心一志、持之以恒地去做,否则是达不到修养目的的。荀子曾说:路虽然很近,不走是到不了的;事虽然很小,不做是成不了的。一个经常无所事事的人,是不会有什么出人头地之处的。所以,不从半步半步地积累起来是不可能达到千里的,没有一条一条细小河流的汇集是不会有大江大海的。荀子还认为,人们在修养方面应当有明确的目标,目标确定之后,只要坚持不懈地去做,那么不管什么样的人,或快或慢,或先或后,总是可能达到的。千里马日行千里,而平常马不停地跑上十天也能达到;同样,只要半步半步不停地往前走,一只瘸了腿的鳖也能达到千里之远;只要一筐一筐不断地往上垒,最终总能堆成一座高山。持之以恒与专心一志也是分不开的。孟子关于弈秋教二人下棋，一人专心致志，一人三心二意的故事是人们十分熟悉的。而孟子举这个例子，则正是为了批评那种"一日暴之，十日寒之"，即不能持之以恒的现象的。决心、专心、恒心，这是修养者能否达到修养目标的关键所在。荀子有两句十分精辟的话，可以作为我们修养时的座右铭："锲而舍之，朽木不折；锲而不舍，金石可镂。""无冥冥之志者，无昭昭之用；无惛惛之事者，无赫赫之功。"

俗话说："近朱者赤，近墨者黑"。环境和师友对一个人的影响是不容忽视的。所以，孔子以能与仁者相邻为美事，认为不能选择仁者做邻居，就不能算是有智慧的人。而荀子则反复强调"隆师而亲友"。他认为，一个人不管他原有的资质如何好、如何聪慧，也必须"求贤师而事之。择良友而友之"，然后才能不断地进步。假如整天与不良的人处在一起，那么最后连身陷刑网时还糊里糊涂呢！所以俗话说："不知其子视其友。"他还说，所谓朋友的意思，就是在共同理想的基础上互相帮助，如果没有共同的理想，又怎么能互相帮助呢？因此他告诫说："不可以不慎取友。"这是人们在修养中决不可忽视的一个方面，否则或将因师从不当、交友不慎而使自己的长期修养成果毁于一旦。

言行不一是儒家修养论中最为人所不齿的。孔子说，古人不轻易说话，就是怕自己在行动上做不到。又说，君子以说得多、做得少为羞耻。这些都是要求人们在修养中做到言行一致。一个人立志固然要宏大，但如果他只是一位言而不行的人，那就反而不如那些立志虽不宏大，却能说一点就做到一点的人。

以上所提到的这些儒家关于修养的方法和要求，只是全部儒家论修养方法和要求中的一小部分而已。我认为，这些修养方法和要求，在经过现代阐释后，是可以提供给今人修养时参考和采用的。

儒家认为，修身是做人的根本，要达到"齐家""治国""平天下"，都要从"修身"做起，所以他们说："自天子以至于庶人，壹是皆以修身为本。"我并不认为修身有如此之大的作用，因为社会经济的决定力量大大超过道德的教化力量。但是，我也不认为因此就可以放弃道德教化的努力，否定自我修养的必要。人不应沦为单纯的经济动物，把自己变成自己创造的物质文明的奴隶；人应当用自己创造的物质经济成果来为净化人的生活环境，提升人的道德品格服务。修养将使人自觉到这一点。物质文明越发达，精神文明就越重要，自我修养也就越不可缺少。所以我认为，今天在小学、中学、大学都应当考虑设立一门"修身课"，作为青少年养成教育的一个重要内容；而在广大职工中也应当广泛地、经常地展开各种与职业有关的"修身"活动，作为成人终身教育的一个重要内容。

第九讲

道家的自然无为思想

道家的自然无为思想，一是崇尚天道（自然界的法则）的自然无为，如《老子》说："道法自然""道常无为"；天地生万物，然"生而不有，为而不恃，长而不宰"等。二是提倡人道（人事的规范）的自然无为，即人类应当效法天道的自然无为，比如说，人的活动应当"辅万物之自然，而不敢为也""功成事遂，百姓皆谓我自然"等。在人道自然无为的主张中，又包含有两层意思：一是在人与自然界的关系方面，道家强调人与天地万物之间和谐、一体的关系，认为人应当顺物之则，缘理而动，不要以人的主观意愿去胡乱行动，从而破坏自然界（包括天地万物与人类）的和谐与平衡；二是在社会人际关系方面，尤其是处于社会领导地位的统治者，要效法道的自然无为精神，尽量简化各种制度、规范，使百姓保持淳朴的民风。

1

崇尚自然，倡导无为，这是中国道家哲学最主要的思想。

中国一些古籍中说，崇尚自然无为的思想在远古时代即已有之，相传为中华民族始祖的黄帝就是自然无为理论的倡导者和实践者。所以，在以后的道家或道教学者中也常常把黄帝奉为道家或道教的创始者。然而，就现存史料和典籍看；道家思想当奠基于《道德经》一书。《道德经》的作者相传为老子，所以《道德经》亦称《老子》。可老子究竟是谁，汉代人已搞不清楚了。司马迁在《史记·老庄申韩列传》就列举三位名叫老子的人，而他的倾向性意见则是：生活于春秋晚期、略早于孔子、孔子向他问过礼的李耳为作《道德经》的老子，并概括其思想的要点说："李耳无为自化，清静自正"。以后，学术界大都以此说为是，奉李耳（老聃）为道家学说的创始者。

老子以后，传扬道家思想的学者很多，如列子、关尹、文子、田骈、慎到等，然其中最有名、最有影响者当数战国中期的庄周。司马迁在《史记·老庄申韩列传》中说，庄周"其学无所不窥，然其要本归于老子之言"。现存《庄子》一书，既记述有庄周的思想，同时也保存了不少战国时期的其他道家学者们的思想资料。所以，《庄子》一书并不是一部单一作者的书，各篇形成的时期不同，其思想理论也不完全一致。其中究竟那些篇代表了庄周思想，学界至今也还存在着很不相同的看法。然《庄子》一书从总体上来讲是承继并发挥了《道德经》自然无为思想的，并在中国的思想史、文化史上有着极大的影响。魏晋以来，《道德经》与《庄子》一直并称，是为道家学说的两部基本经典。所以，在中国的思想史、文化史上，《老子》《庄子》思想也就成了道家思想的同义语。

道家的自然无为思想，一是崇尚天道（自然界的法则）的自然无为，如《老子》说："道法自然""道常无为"；天地生万物，然"生而不有，为而不恃，长而不宰"等。二是提倡人道（人事的规范）的自然无为，即人类应当效法天道的自然无为，比如说，人的活动应当"辅万物之自然，而不敢为也"；"功成事遂，百姓皆谓我自然"等。在人道自然无为的主张中，又包含有两层意思：一是在人与自然界的关系方面，道家强调人与天地万物之间和谐、一体的关系，认为人应当顺物之则，缘理而动，不要以人的主观意愿去胡乱行动，从而破坏自然界（包括天地万物与人类）的和谐与平衡；二是在社会人际关系方面，尤其是处于社会领导地位的统治者，要效法道的自然无为精神，尽量简化各种制度、规范，使百姓保持淳朴的民风。

道家崇尚天道的自然无为，不仅合乎自然的本来面貌，而且在理论上也有着反对神学目的论的重要意义，这已为历史所肯定。道家强调人与自然应当和谐一体的思想，也正在为越来越多的关心地球生态环境的有识之士所认同。然而，关于道家提倡人道自然的思想，则还存在着不同的看法和评价。荀子在评论道家思想时说，"老子有见于诎，无见于信（伸）"；"庄子蔽于天而不知人"，即批评他们不注重人的能动作用，在自然界面前陷于消极被动。这也是历史上对道家人道自然无为思想一种比较普遍的评价。无可否认，在道家（特别是庄子学派）人道自然无为思想中确有导致人们消极等待、无所作为、屈从环境等消极的一面，但这绝不是说道家人道自然无为的思想中就一无可取了。

我认为，在人与自然的关系中，道家人道自然无为的思想，至少有两点是值得肯定和重视的。

（1）尊重客观事物的本性和法则

司马谈在《论六家要旨》中把道家人道自然无为的思想概述为"以因循为用"，这是很准确的。"因循"之意，可以从消极方面去理解它，也可以从积极方面去发挥它，《管子·心术上》中给"因"下了这样一个定语："以其形，因为之名，此因之术也""因也者，无益无损也""因也者，舍己而以物为法者也"。这里的最后一句话，充分表达了道家人道自然无为思想中所包含的尊重客观事物本性和法则的精神。汉代道家就是从这方面来理解和发挥人道自然无为的积极精神的。如《淮南子·修务训》中说："若吾所谓无为者，私志不得入公道，嗜欲不得枉正术，循理而举事，因资而立，权自然之势，而曲故（巧诈也）不得容者。事成而身弗伐（自矜也），功立而名弗有。非谓其感而不应，功而不动者。"这里所讲的无为，明确地指出是排除了"私志""嗜欲"的"循理而举事，因资而立"，而不是消极的无所作为。这里提到的"权自然之势"，含有因势利导之意。在中国古史中，有一则大禹治水的传说，一直被看作是能"权自然之势"取得治理水灾成功的典范而传颂不息，就连积极主张人道有为的儒家，也对大禹因水之势的治水思想和业迹称颂不已。孟子就赞誉大禹说："禹之行水也，行其所无事也。如智者亦行其所无事，则智亦大矣。"（《孟子·离娄下》）理学大家朱熹，对此也评论说："禹之行水，则因其自然之势而导之，未尝以私智穿凿而有所事，是以水得其润下之性而不为害也。"由此可见，因顺自然之势的无为，决不是消极等待，相反倒是最积极有效的有为。

此外,《淮南子·原道训》还说:"所谓无为者,不先物为也;所谓无不为者,因物之所为。所谓无治者,不易自然也;所谓无不治者,因物之相然也。"由此可见,这样的"无为",比之于那种盲目、违背物性事理的、不顾后果的、唯人类私意为求的"有为",难道不是具有更多的合理性和积极意义吗?

(2)注重事物的变化,强调随感而应、与时变化

这一点是由上述以物为法,缘理而动的思想中合理地引申出来的。司马谈在《论六家要旨》中描述道家"以因循为用"的具体特征时说:"无成势、无常形,故能究万物之情";"有法无法,因时为业;有度无度,因物与合。故曰:'圣人不朽,时变是守'"。道家强调"因时为业""时变是守",是与他们尊重事物客观法则的精神一致的。这里有两层意思:一是要随所感之物的不同,做出不同的反应;一是要随事物的变化而变化反应,其中又包含着把握时机的意思。这方面的思想,甚至在积极提倡人道有为的儒家那里也得到了积极的响应。如荀子在批评人道无为,而主张有为的同时,也十分强调尊重事物的客观法则。他认为,草木在开花结果之时,不应当去砍伐,鱼鳖在怀孕产卵期间,不应当去捕捞。因此他说:"养长时,则六畜育;杀生时,则草木殖。"

道家的自然无为思想，无疑的是人类在与自然界斗争中，力量低弱时期的一种反映。今天，人类改造和控制自然界的力量，可以说强大到了在某种程度上的"随人意志"的地步。然而，许多有识之士很快就发现，这种"随人意志"地去改造自然界，不仅遭到了自然界日益严重的反抗和报复，使人类生存的环境急剧恶化，而且人类也越来越受到自己创造的"人工自然环境"的制约，成了它的奴隶。因此，人类对于自然界的"自由意志"究竟有多大，是一个亟待研究的问题。今天，人类似乎很有必要重新学会更好地去尊重自然。在这方面，道家自然无为思想中的上述合理内容是很有启发的。

庄子像

2

道家自然无为思想中，同时也包含着相当深刻的反异化思想。

人类改造自然、改造社会的努力和活动，目的是获得自身更多的自由。然而，其结果往往是事与愿违。人类通过各种努力创造出来的成果，常常是在给人类增加某些自由的同时，也给人类带来更多的限制和烦恼。或者是只给一部分人增加了自由，而给另一部分人带来了更大的不自由。这种人类创造活动中的事与愿违的现象，也就是哲学上所说的"异化"（alienation）现象。

人是自然界的产物，是自然界的一部分。随着人类征服自然界的能力愈强、成果愈大，人类离自然界也就愈远，人的自然本性也就丧失得愈多。同样，个人从社会中得到的权利和保障愈多，那么个人受到社会的约束和限制也就愈多。这就是人类为了生存而面对的一个无法避免的矛盾的现实。所以从某种意义上来讲，自然和人类的发展过程本身，就是一个不断地自我异化的过程。道家对这一点似乎有很深的体会，所以《老子》才会说："反者，道之动"，把向着反面发展看成是"道"的一个根本特性。

历史上不同的学派对于这种自然和人类自我异化的现象和必然性，有着不同的认识和解决方案。道家老庄对于人类与自然的异化和个人与社会的异化，都是持批判态度的。他们认为，顺其自然、因循无为是防止异化、克服异化的最好方法。所以他们倡导的自然无为的自然主义哲学，从一定意义上讲，也可以说是一种反异化的哲学。

道家认为，人也只是自然界中的普通一物，人与自然界原本是和谐一体的，即《庄子》所谓"天地与我并生，而万物与我为一"。因此，人如果认为自己不同于或优越于其他自然物的话，则一定会被自然界看成是不祥之物。《庄子·大宗师》中的一则寓言就是说的这层意思："今大冶铸金，金踊跃曰：'我且必为镆铘！'大冶必以为不祥之金。今一犯人之形而曰：人耳！人耳！夫造化者必以为不祥之人。"反过来就是说，人只有把自己放在与天地万物平等的位置上，才能与天地万物融为一体，才能防止人与自然的异化。

道家竭力反对人类把自己的意志强加给自然，反对随意干涉和改变自然界的规律。《庄子·应帝王》中讲了一个寓言，意思是说，南海之帝儵和北海之帝忽一起去拜访中央之帝混沌，混沌热情周到地款待了他们。告别之时，南海之帝与北海之帝想回报一下混沌。他们商量说，人人都有七窍（眼、耳、鼻、口等），用来看、听、吃和呼吸等，可独独混沌没有，我们来为他打开七窍吧！于是，他们一天给混沌打开一窍。七天后，七窍是开了，而混沌却因此而死去了。这个寓言告诉人们，人为地改变自然，不仅无益，甚至会置自然之物于死地。所以最好的做法是"辅万物之自然而不敢为"。

道家自然无为学说的另一要点，就是反对和防止人类社会和个人的自我异化。道家认为，社会的各种制度、道德规范，乃至人的智慧，都是人的淳朴本性的丧失、自我异化的产物。如《老子》讲："故失道而后德，失德而后仁，失仁而后义，失义而后礼。夫礼者，忠信之薄而乱之首。"又说："大道废，有仁义；智慧出，有大伪；六亲不和，有孝慈；国家昏乱，有忠臣。""人多伎巧，奇物滋起，法令滋彰，盗贼多有。"《老子》的这些言论，从表面上看是对人类社会种种进步现象的否定，不过细想起来也确实相当深刻地揭示了人类社会自我异化的现实。《庄子》则更明确地把"仁义"和"是非"等看成是加在人的自然本性之上的一种枷锁和酷刑。如他在一则寓言中，批评尧教育人们要"躬服仁义而明言是非"是"黥汝以仁义而劓汝以是非"。他还以牛马为例说："牛马四足，是谓天，落马首、穿牛鼻，是谓人。故曰：无以人灭天。"这是说，任牛马放开四足自由奔跑是牛马的天性，给牛马套上笼头，限制它们的行动，是违背牛马天性的。

正因为如此，《老子》公开提出要"绝圣弃智""绝仁弃义""绝巧弃利"。他认为，这样才能"民利百倍""民复孝慈""盗贼无有"。《老子》还认为，人治理社会也应当像自然生养万物那样，采用自然无为的态度和方法。治理者越是无为，老百姓就越淳朴易治。他说："不尚贤，使民不争；不贵难得之货，使民不为盗；不见可欲，使民心不乱。"意思是说，治理者如果不推崇贤者，老百姓就不会去争；不看重难得的货物，老百姓就不会去抢；不用各种欲望去引诱，老百姓的心就不会胡思乱想。所以说，"我无为而民自化，我好静而民自正，我无事而民自富，我无欲而民自朴"。《庄子》则把能忘掉仁义和礼乐的人推崇为至高无上的"至人""真人"。他所向往和追求的是"不以好恶内伤其身"，不以名实是非"劳神明"的人生境界。

道家这些主张恢复人的自然本性的思想，得到了历史上许多受社会压抑的知识分子的赞赏和发挥，而其中所包含着的反道德、反理智的倾向，也遭到了不少思想家的尖锐批判。从人类社会的现实来讲，任何一个社会，如果没有一定的制度和道德规范来约束其成员，这个社会就无法维持下去，而且社会的发展和进步，必然是使人与人之间的关系越来越密切和复杂，因而约束人的行为的制度、规范也会越来越繁多和严密。《老子》所设想的"小国寡民""邻国相望，鸡犬之声相闻，民至老死不相往来"的时代，已是一去不复返了。所以，道家希望完全恢复人的自然天性的理想，大概也是一种永远不能实现的理想。

不过，这也并不是说，道家人生观方面的自然无为思想中一点合理成分都没有了。我认为，老庄尖锐指出社会各种制度、规范中有压制人性的方面，具有重要的社会批判意义，它对于改进和建立更为合理的社会制度和规范，具有一定的积极意义。其次，就个人修养方面来讲，道家的自然无为思想也有相当的价值。如《老子》说："五色令人目盲，五音令人耳聋，五味令人口爽，驰骋畋猎令人心发狂，难得之货令人行妨。"这是说，过分的物质欲求，将使人反受其害。所以，"见素抱朴，少私寡欲"，以保持人的清净自然本性，也正是现代人极其需要的生活态度和修养。当今世界上许多有识之士，都在为人类日益被迫地成为经济动物、物质奴隶而忧心忡忡。经济和物质的强大压力，几乎使现代人的自我丧失殆尽，人们陷于严重失落和迷惘的痛苦之中，力求人性的"返璞归真"。这也正是道家自然无为思想在当今世界上日益为人们所关注的原因之一。

第十讲

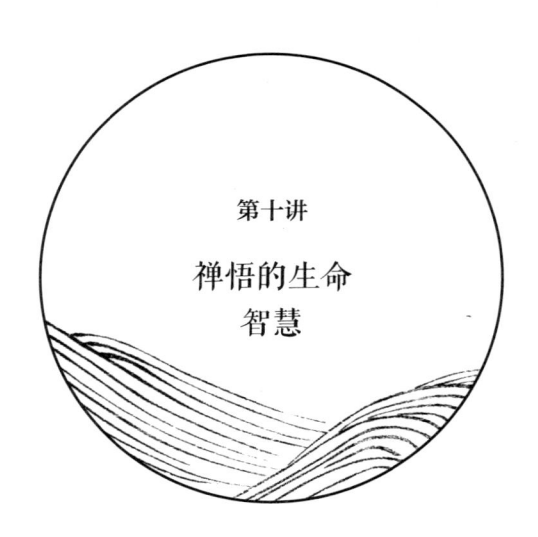

禅悟的生命智慧

禅宗认为，一个人的悟解，大善知识或老师的点拨是需要的，但从根本上来讲，"悟不由师"。因此，禅悟是一种具有强烈主体意识的自我体验，在禅悟过程中，离不开个人主体的实践经验和主观能动性的充分发挥。

佛教以悟为修行的根本目的，所谓"不悟，即佛是众生；一念若悟，即众生是佛"，充分道出了悟的重要性。悟，指生起真智，扫却迷妄，断除烦恼，证得佛法的真理。其中，包含了两方面的意义，从开悟方面讲，是指能证的智慧，如菩提（bodhi）等；而从证悟方面讲，是指所证的真理，如涅槃（nirvana）等。通常则是合二者而言悟。

禅宗言顿悟，也包含开悟与证悟两个方面，前者谓"顿悟菩提""知本性自有般若之智"；后者谓以此"般若之智""各自观心，令自本性顿悟"，即"识心见性，自成佛道"。禅宗六祖慧能反复强调，"世人性本自净""自性能含万法",所以,他的得法偈说:"菩提本无树,明镜亦无台,佛性常清净,何处有尘埃。"同时,慧能又强调"菩提般若之智,世人本自有之"。因此,所谓悟即在于:"见自性自净,自修自作,自性法身,自行佛行,自作自成佛道。"或者说:"善知识,智慧观照,内外明彻,识自本心。若识本心,即是解脱。"若以一言赅之,则禅宗顿悟的根本精神可归结为:"本性自悟"或"自性自度"。

这种本性"自悟""自度"的禅悟,强调的是个人的体验和自我的直接把握。换句话说,别人的体验不能代替你的悟,自我的体验无法以概念推理来获得。在禅宗的《灯录》中,许多禅师得悟的故事,生动地说明了这一点。

如唐末香严智闲禅师,先事百丈怀海,聪明伶俐,问一答十,问十答百。百丈死后,他去大师兄法山灵祐禅师处参禅,灵祐问了他一个问题:"请你说一说生死的根本,父母未生你时是怎么回事?"谁知道这位原先问一答十,问十答百的聪明禅师,竟被问住了,而且遍查平时读过的书,也找不到可回答的话。于是,他反复要求灵祐为他说破。然而,灵祐对他说,如果我告诉了你,你将来是会骂我的。再说"我说的是我的,终不干汝事"。后来,有一天香严智闲在田里除草时,随手把一片碎瓦扔到田边的竹子上，这时碎瓦击竹发出的声音，忽然使他有所省悟。因此，他十分感激灵祐，说：当时他如果为我说破的话，哪里还会有今天的省悟！又如，南宋著名禅僧大慧宗杲的弟子开善道谦，参禅20年，没有个悟入处。一次，宗杲派他出远门去送信，他怕耽误了参悟，很不愿意前去。这时，他的一位朋友宗元说，我陪你一起去。他于是不得已而上了路。一路上，他哭着对宗元说：我一生参禅，至今一点收获也没有，现在又要长途奔波，到什么时候才能入门啊！这时宗元对他说：你现在暂且把从各方参来的，自己体会到的，包括宗杲给你讲的都放在一边。旅途中凡是我可以替你做的事，我全部替你去做。只有五件事我替你不得，必须你自己去做。那就是：你身上寒冷，我不能替你穿衣；你腹中饥渴，我不能替你吃喝；再有，拉屎、撒尿、驮着自己的身体走路，我也无法替你。道谦听完宗元的话后，忽然大悟，不觉手舞足蹈起来。这两则故事均说明，任何别人的悟都不能代替自己的悟，只有靠自己去亲身体验一番，才可能获得真正的悟。

有一则故事讲，唐代禅师龙潭崇信有一天对他的老师天皇道悟说：自从我到了老师您这里，还没有得到过您关于禅悟要旨的指点呢！道悟回答说："哪里话，自从你到了我这里，我无时无刻不在向你指点禅悟要旨！"崇信不明白地问道:"您在哪里指点了?"道悟说:"你端茶来,我接了;你送饭来,我受了;你行礼时,我也回礼了。我哪一处不在向你指点禅悟要旨!"崇信听后,想了很久也没有领会过来。此时,道悟又说道:如果要把握禅悟要旨,那就应该当下直接把握,若是用心去细细推敲,就完全错了。崇信于此得到解悟。这是比较明确地点明,禅悟不能用推理而只能直接把握的一例。在禅宗《灯录》中,人们随处可以看到各种各样稀奇古怪的问答,而禅师们则都是在这种看来违背常识、不合逻辑的稀奇古怪的问答中获得解悟。这些不胜枚举的例子,集中起来说明一点,即禅悟不是理智合逻辑推理的结果,而是内心直接把握的自我体验。

正是由于禅悟的这种特性,长期以来禅悟被视作一种非理性或反理性的神秘主义(佛教中人则有自许为超理性者),而为哲学上的理性主义者和唯物主义反映论者所否定。无可否认,禅悟作为佛教禅宗的一种解脱理论和方法,必然地包含有浓厚的宗教性体验和某种神秘主义的东西。但是,随着20世纪以来,人们对于人类自身精神(心理)分析的深化,以及对于禅宗理论和方法了解的增加,许多学者注意到,在禅宗关于禅悟的理论和方法中,相当充分地揭示出了那些无法用理智分析或逻辑推理给以圆满解答的人类精神（心理）活动，如潜伏在每个人意识深处的，那些突然迸发出来的，各种各样奇奇怪怪的，随意的自由联想。同时，禅悟在充分调动和发挥这种自由联想的意识的作用，来求得对天地万物和人生自我的忽然贯通，彻底了悟时，运用了各种各样不合常理的奇怪方法，其中也包含了不少有意义的心理分析和认识方法。因此，人们应当有可能透过禅悟的宗教体验和神秘主义，去把握其中那些有意义的心理分析和认识方法。这里需要声明一下，我以上的叙述绝对没有否定佛教禅宗信仰者在禅悟中获得的宗教体验方面的喜悦心情之意，而只是想让那些非佛教禅宗信仰者也能了解禅悟在心理和认识等方面的积极意义。

以下仅就禅悟中的主体实践经验和主观能动性的发挥，以及禅悟中的辩证思维方法这两方面，做一些简要的介绍。

禅宗认为，一个人的悟解，大善知识或老师的点拨是需要的，但从根本上来讲，"悟不由师"。因此，禅悟是一种具有强烈主体意识的自我体验，在禅悟过程中，离不开个人主体的实践经验和主观能动性的充分发挥。

所谓主体实践经验，就是强调一个禅者的悟，必须通过亲身的体验去获得，而不是简单地接受或模仿他人的经验和体验。有一则故事讲，俱胝和尚向他的师父天龙和尚参问，天龙和尚向他竖起一个指头，俱胝和尚当下大悟。此后，凡有向他参问的，他都只竖起一个指头，而不说别的。他在晚年总结说：自从悟透了天龙的一指禅，一生都受用不尽。在俱胝和尚处，有一个做杂事的童子，他每次遇到人问事时，也总是竖起一个指头作回答。于是，有人告诉俱胝和尚说，您这里那位童子也参透了佛法，凡有人提问题，他总与和尚您一样竖起一个指头。有一天，俱胝和尚在袖子里藏了一把刀，把该童子叫来问道：听说你也参透了佛法，是吗？童子回答说：是的。俱胝又问：那你给我说说，怎样才是佛？童子竖起一个指头。俱胝乘其不备，挥刀将其手指砍掉。童子痛得大叫而走。俱胝又把他叫回来，还是问他，怎样才是佛？童子又习惯地举起手准备伸指头，但一看手指没有了，于是豁然大悟。随便砍掉人的指头是十分残忍的行为，但这则公案要想借此对俱胝和尚的竖一指与童子的竖一指，做出一种强烈鲜明的对比。前者是在经天龙和尚的指点后，有了自身的深切体验和觉悟，才以竖一指头来解答问学者的各种问题的；后者则完全是形式上的模仿，那个童子根本没有什么自身体验可言。因而只有在被砍去手指后，发现无指可举时，他才从自己这一痛彻心扉的切身体验中得到了觉悟。

禅悟也只有通过充分发挥主体的主观能动性，才可能获得。这类事例在禅宗公案中俯拾皆是，相传南宋著名禅师五祖法演，有一天对他的徒弟们说，你们可知道我这里的禅是一种什么样的情况？打个比喻说，有一个贼，他的儿子一天跟他说，您老了以后我怎么来养家呢？我需要学点本领才行啊！贼说，这好办。于是，一天夜里，贼把他儿子带到一有钱人家，撬开柜门，叫他儿子进去偷取衣物。可是当他儿子刚一进去，他就把柜门锁上，并且故意弄出很大的声音，好让主人家听见，而自己则偷偷先溜回家了。这家人听到声音后，立即起床点灯找贼，然而找了半天也没找着，以为贼已逃走了。这时，贼儿子在柜子里正纳闷，心想我老子要干什么？突然，他心生一计，学老鼠咬东西的声音，这家人以为柜子里有老鼠，就打开柜子寻找。贼儿子趁此机会，推倒开门者一溜烟地逃走了。这家人一路紧追不舍，此时正路过一口井，贼儿子又心生一计，拣了一块大石头扔下井去。当这家人围着井找他时，他已逃回了家。到家后，贼让他儿子把逃出来的过程讲一遍。贼听完后说，行了，你完全可以独立做事了。这个教儿子做贼的故事，乍看有伤风化。然而，如果人们能得其意而忘其言，去领会其中所寄的精神，那么它正是指示人，只有通过充分发挥自己的主观能动性，面对所处的现实环境开动脑筋想法子，才有可能使自己获得解脱。

禅宗所指的顿悟，并非轻易就能达到，而是需要经过自我的刻苦磨炼才能获得的。元代著名禅师中峰明本就说过：如果没有废寝忘食的精神，没有坚持二三十年寒冬酷暑的劳苦，是不可能获得禅悟的。他还引用了一句禅门名言来说明这种自我刻苦磨炼的精神："不是一番寒彻骨，争（怎）得梅花扑鼻香。"禅师们这种为了追求佛教真理而刻苦自我磨炼的精神，难道不值得一切追求真理者效法吗？

禅悟中包含着不少的辩证思维方法。南宋黄龙派禅僧青原惟信有一段叙述他禅悟体会的话，是很值得回味的。他说："老僧三十年前未参禅时，见山是山，见水是水。及至后来，亲见知识（指他的老师黄龙祖心禅师），有个入处，见山不是山，见水不是水。而今得个休歇处，依前见山只是山，见水只是水。"他并且问大家，这三种见解，是相同还是有区别。在这段话中，禅悟后的"见山只是山，见水只是水"与参禅前的"见山是山，见水是水"，这两种见解肯定是有所不同的，其中经历了一个自我否定的过程，即"见山不是山，见水不是水"的见解。为什么不同？有什么不同？禅师们根据自己的体会可以做出不同的解释。

如有的禅师从"万物一体""物我一体"的角度来体会，就说，青原惟信参禅前，只是就山见山，就水见水，当他从"万物一体"的观点去看山和水时，那么山就不再是山，水也不再是水了，再当他有了"物我一体"的体验后，领悟到山水在我之中，我也在山水之中，这时他又会认识到山是山，水是水了。这种解释，似乎艺术心理体验的味道更浓一些。

从认识论的角度看，我想可以做这样的解释：青原惟信参禅前，只是从一般的现象上来认识山和水，所以"见山是山，见水是水"。经过老师指点后，他才明白自己原有认识的肤浅，于是，对以前的认识提出了极大的疑问：我见的山是山吗？我见的水是水吗？所以，此时的青原惟信是"见山不是山，见水不是水"。等到他真正领悟了佛法后再去看山水时，虽说"**依前见山只是山，见水只是水**"，然此时所见到的再不是山水的一般现象了，而是它们的"实相"（本质）了。这种通过否定的过程，而达到认识的深化，是一种辩证的思维方法。

再有，对这个例子似乎也可以做另一种的体会和解释。比如说，禅认为一切事物原本都是十分平常的，因此，人们也只需用平常心去对待它。可是，要以平常心去对待一切事物谈何容易，一般人的智慧总是把那些本来极平常的事物看得很复杂，结果是"见山不是山，见水不是水"。而当他走过这段曲折的探求之路后，突然发现山和水并没有什么特别的地方，一切也还是它们平常的本来面目，于是当下落到实处，"依前见山只是山，见水只是水"，从而悟到"平常心"的意义。"平常心是道"，这是禅悟的又一个重要观点。从普通人的"平常心"（有分别心）上升为禅悟的"平常心"（无分别心）同样也是一个通过自我否定过程，而达到一个更高层次认识的一种辩证思维方法。

禅宗大师们常以"饥来吃饭，困来即眠"来教导参禅者，来比喻平常心，来作为参禅的一种修养功夫。在一般人看来，"饥来吃饭，困来即眠"人人都能做到，算什么功夫？当一位和尚以此问题请教大珠慧海禅师时，他断然地告诉这位和尚说，这两者是根本不相同的。他说，一般人吃饭的时候不吃饭，睡觉的时候不睡觉，总是东思西想，要这要那的。这和我不用其心，顺其自然的"饥来吃饭，困来即眠"是完全不同的。世界上有许多事物本来是很简单而平常的，可是常常被人为地搞得复杂而神奇。人们要认识表面的平常是比较容易的，要认识事物本来（内在）的平常则殊非易事，禅提倡"平常心是道"，在强调按事物的本来面目来认识事物方面，是有积极意义的。

此外，禅悟最忌执著、认死理。如南岳怀让参六祖慧能八年后，一日忽然有悟，于是就告诉六祖说：我有个省悟的地方。六祖问道：你所说的省悟是个什么样的？怀让说：要说它像个什么就错了。这是最为典型的反执著的问答。又如，德山缘密圆明禅师（云门文偃法嗣），就明确强调要"但参活句，莫参死句"。大珠慧海禅师也说："经有明文，我所说者，义语非文，众生说者，文语非义。得意者越于浮言，悟理者超于文字。法过语言文字，何向数句中求。是以发菩提者，得意而忘言，悟理而遗教，亦犹得鱼忘筌，得兔忘蹄也。"总之，禅师们认为，任何的执着或参死句，都可能成为一种错用心，即使像追求"悟明见性""成佛做祖"，或者把"平常心"的"行住坐卧""吃粥吃饭"存之于心，那也是会妨碍人的参禅的。

还有，禅师们对同一个问题常常有许许多多不同的回答，如关于"祖师西来意""佛法大意"等问题，自古以来可能不下百十种答案。这些都是禅师针对当时不同问话对象的认识水平或所处环境的具体情况，做出的随机应答。另一方面，禅师们对同一问题或许多很不相同的问题却又常常给予同一个答案，但禅师们是绝不允许参问者以同一个意思去体会它，而是要根据你自己的疑问去体会它。于是，表面上相同的语言，会有很不相同的体会或解释。马祖道一说过这样一番话,他说:"我有时教伊扬眉瞬目,有时不教伊扬眉瞬目,有时扬眉瞬目者是,有时扬眉瞬目者不是。"石头希迁的嗣法弟子,药山惟俨禅师就在马祖这番话的启发下得到了契悟。这些地方也都表明,禅悟中有着极大的灵活性的丰富的辩证法,是值得人们去用心探讨的。

第十一讲

儒家伦理的现代意义

在现代中国谈论儒家伦理，一是不能忽视儒家伦理曾长期与封建专制政治制度结合在一起，其中确实包含着许多为封建专制政治制度服务的规范和不再适合时代潮流的内容，前者如"三纲"等，后者如"女子无才便是德"等。二是不能无视近百年来对传统伦理严厉批判的事实，因为这一历史的批判是有其广泛的社会群众基础的，是有其历史的必要性和合理性的。三是在当今世界文化日益趋向多元综合的整体环境下，必须打破儒家思想文化和伦理一统或独尊的传统思维模式。因此，在现代中国提复兴儒学或儒家伦理，乃至于笼统地提复兴传统文化都是不适宜的。

| 1 |

关于儒家伦理，在中国是一个很有争议的问题。而这种争议是有其深刻的历史原因的。

中国在由传统农耕社会向近现代工商社会转变的过程中，在一个相当长的历史时期里，在绝大多数社会改革家和进步思想家的头脑里，都把儒家伦理看作是阻碍社会改革、社会进步的政治理念、文化观念上的主要障碍。因此，在中国近百年的历史上，对传统伦理观念，主要是儒家伦理观念，发起了一次又一次，而且是一次比一次更为激烈的社会性的批判运动。

中国近代史一般以1840年鸦片战争作为起点，然而如果从思想文化上的觉醒来分界，则当从1894年中日甲午海战以后变法维新运动的掀起作为起点。从那时开始，西方民主、自由、立宪、共和等思想观念、政治理念被大量地介绍到中国来，而与此同时，也开始了对中国传统政治理念和伦理观念的深入检讨与严厉批判。在变法维新运动的领袖中，对传统政治理念和伦理观念批判得最激烈的是谭嗣同。他大声号召人们去"冲决罗网"，而他所谓的"罗网"就是传统伦理观念的核心——"三纲五常"。

民主革命时期发生的新文化运动，更是把批判传统伦理，特别是儒家伦理作为根本的任务。新文化运动的正面口号是高举"德先生"（民主）和"赛先生"（科学）两面大旗，而其反面的口号就是"打倒孔家店"。在当时那些新文化运动健将们的头脑里，以儒家为代表的传统文化，特别是它的伦理观念，是与以"民主""科学"为标志的新文化绝不相容的，不彻底打倒"孔家店"，就不可能建设起"民主""科学"的新文化。所以，他们对传统文化的批判，与维新运动的领袖们相比要尖锐得多，深刻得多。新文化的领袖人物，如陈独秀、胡适、鲁迅、李大钊等，无不致力于对传统文化和伦理观念的大批判。鲁迅通过小说的笔法，把中国两千多年封建社会的历史，描绘成一部"吃人的历史"，把传统儒家伦理称之为"吃人的礼教"；而以历史论文形式痛斥宗法制度与儒家伦理的吴虞，亦被胡适赞誉为"只手打倒孔家店的老英雄"。他们的批判，在社会上有着极其深远的影响。

从变法维新运动以来对于传统文化和儒家伦理的批判，应当说都是有其历史的必要性和合理性的，没有这种冲击，中国社会向近现代的转化可能要困难得多。然而，同时我们也不能不看到，从变法维新运动，尤其是1915年以来的新文化运动对传统文化和儒家伦理的批判带有严重的偏激情绪和全盘否定的倾向，而这种对传统文化，特别是传统伦理的否定式思维方式，其影响是极为深远的，以至于在相当长的一个时期里，人们不能从正面来议论继承和发扬传统文化和伦理的问题。

"文革"以后，否定一切的思维方式得到了纠正。不少知识界人士对于近百年来我们民族在对待传统文化上的偏激情绪和片面态度等问题进行了认真的反思和检讨。因此，对于传统文化、伦理，包括儒家伦理在内，大多数人开始能用比较客观、公允的态度去进行分析研究。而且认为，继承与发扬其中的优秀部分，对于建设现代中国新文化是极其重要和必不可少的。当然，同时也有一些人对传统文化、伦理抱有很深的成见，他们仍然把传统文化，主要是儒家伦理，看作封建意识和封建道德，而予以根本的否定。不过，尽管如此，我个人仍认为，现阶段是中国近百年来对待传统文化和儒家伦理问题最为正常的时期。

经过这么长时期对儒家伦理的批判和清算，那么儒家伦理在中国当前社会现实中究竟还有多大的影响呢？对于这个问题，人们也是有不同认识和估计的。

一些人认为，儒家传统伦理根深蒂固，尽管经过这么长时间的激烈批判，但在社会生活的各个方面仍然有着很深的影响，尤其是在那些深层的人际关系中，以及比较闭塞、落后的农村。因此，他们认为，清除儒家传统伦理中那些不符合现代社会生活原则的观念和规范，仍然是当前思想文化方面的一项重要任务。

另一些人则认为，儒家传统伦理在中国现实社会生活中已经没有多少影响可言，无论在家庭中还是在社会生活中，有多少人脑子里还有"孝悌""忠信"等伦理观念？而由于以往的过分否定儒家传统伦理，以至于在一般人的头脑中，特别是青年中，连最起码的家庭、社会伦常观念都不清楚。更有一些人在模糊不清的"自由""平等"等观念的驱使下，甚至连如何克尽正常社会分工下个人职业职责的伦理观念都没有。因此，当前很有必要强调一下继承和发扬中华民族的传统美德，并且认真地吸取儒家传统伦理观念中那些合理的内容，建立起符合时代精神和需要的伦理观念和社会伦序。

以上两种不同的认识和估计，主要是由于两者观察问题的角度不同而造成的，应当说都是中国现在社会的实际情况。我认为，当前的问题是"破"和"立"哪个更迫切，哪个应当放在第一位。其实，"破"和"立"是既有联系而又不能互相代替的。"破旧"只是为"立新"创造了条件，而并不能替代"立新"。"新"如果"立"不起来，或长期不"立"起来的话，除了会造成上面所说的人们思想上的混乱、迷茫、空白和无所适从之外，已"破"的"旧"还可能会死灰复燃、卷土重来。就这一意义上来说，"立"比"破"更显重要，而且通过"立"，人们将全面地检讨此前的"破",因而也能减少继续再"破"时的盲目性和片面性。

基于以上认识,我认为当前中国社会最迫切需要的是要强调继承和发扬中华民族的传统美德,并且认真地研究和吸取儒家传统伦理观念中那些合理的内容,建立起符合时代精神所需要的伦理观念、道德规范和社会伦序。我相信,通过建立和倡导这些新的符合时代精神需要的伦理观念、道德规范和社会伦序,对于继续清除那些残留的、不合时代需要的旧道德规范和伦理观念,将会更有力和有效。

| 2 |

在现代中国谈论儒家伦理,一是不能忽视儒家伦理曾长期与封建专制政治制度结合在一起,其中确实包含着许多为封建专制政治制度服务的规范和不再适合时代潮流的内容,前者如"三纲"等,后者如"女子无才便是德"等。二是不能无视近百年来对传统伦理严厉批判的事实,因为这一历史的批判是有其广泛的社会群众基础的,是有其历史的必要性和合理性的。三是在当今世界文化日益趋向多元综合的整体环境下,必须打破儒家思想文化和伦理

一统或独尊的传统思维模式。因此，在现代中国提复兴儒学或儒家伦理，乃至于笼统地提复兴传统文化都是不适宜的。

20世纪60年代初，港台一批知名学者感叹于中华文化的"花果飘零"，国人在文化意识上的漂泊无根，奋起疾呼复兴中华传统文化。他们口宣笔述，大力阐发中华传统文化，主要是宋明性理学和儒家伦理的丰富内涵及其现代意义，其影响延续至今，被学术界称之为"当代新儒家"。应当肯定，这批"当代新儒家"学者发扬中华传统文化的精神是可嘉的。他们的著述成果，对于中国传统文化和哲学的研究也发生了不小的影响。然而，由于他们中的一部分人有较强烈的"儒家情结"，因而不自觉地陷入了儒家文化、伦理一统或独尊的传统思维模式。他们不满足于仅仅从儒家文化、伦理中汲取和发扬那些有助于现代社会文明建设的内容，不甘心于儒家文化、伦理仅仅作为"一元"的身份与现代社会的多元文化相统合。因此，他们中的一部分人总是想着从传统儒家的政治理念和心性学说中开发出现代"民主"理念和"科学"知识，并以此自期为"第三期儒学"的文化使命。如"第三期儒学""当代新儒家"的主要代表牟宗三就曾明确宣称：

自孔、孟、荀至董仲舒，为儒学第一期，宋明儒为第二期，今则进入第三期。儒家第三期文化使命，应为"三统并建"，即重开生命的学问以光大道统，完成民主政体建国以继续政统，开出科学知识以建立学统。（《重振鹅湖书院缘起》）

以上的"三统并建"说，是牟宗三在1948年讲的，以后"当代新儒家"则强调要从传统儒家"内圣外王"之学中，重兴"内圣之学"，开出新的"外王事功"来，然其具体内容并没有变化。这可以从1979年牟宗三的一次讲演中得到证明。他在那次讲演中说：

儒家学术第三期的发展，所应负的责任即是要开这个时代所需要的外王，亦即开新的外王。……今天这个时代所要求的新外王，即是科学与民主政治。（《从儒家的当前使命说中国文化的现代意义》，见《时代与感受》）

毫无疑问，科学与民主是今天这个时代所要求的，儒学也必须适应科学与民主的要求才有可能在当今社会存在下去和得以发展。然而这并不是说要从传统儒学中去开出科学与民主来。把"开这个时代所需要的外王"和"三统并建"作为"儒家第三期文化使命",说穿了就是认为儒学只要经过"当代新儒家"们的重振和发明,将把现代民主政治理念、现代科学知识和生命伦理学问都统括在内。这也就是说,儒学仍然可以去一统社会的"道统""政统"和"学统"。"当代新儒家"们主观上可能并没有"独尊儒术"的想法,可是他们赋予"儒家第三期""三统并建"的文化使命,则不能不在客观上给人们以"独尊儒术"的观感。正因为如此,"当代新儒家"们的努力,虽然赢得了一些知识人士的回应,同时也招来了不少的批评,而对具体社会生活和文化观念也没有发生多少实际的作用。相反,那些借助部分儒家伦理以阐发现代企事业管理、经营之道,倒是在现代企事业文化的建设中发挥了不少的实际作用,而且不仅得到东亚儒家文化圈中国家的共识,更有为世界瞩目的趋势。这种反差现象是很值得人们思考的。

20世纪40年代,贺麟在一篇文章中谈及"建设新儒家"和"儒家思想新开展"问题时,曾特别指出说:

> 我们既不必求儒化的科学,也无须科学化儒家思想。

我认为，贺麟的这句话是很有道理的。需要说明的是，贺麟这里并不是说不要用科学的态度去对待和研究儒家思想，而是反对当时有些人简单比附儒学与科学的做法。如他说：

> 因科学以研究自然界的法则为目的，有其独立的领域。一个科学家在精神生活方面，也许信仰基督教，也许皈依佛法，也许尊崇孔孟，但他所发明的科学，乃属于独立的公共的科学范围，无所谓基督教化的科学，或儒化、佛化的科学。反之，儒家思想也有其指导人生、提高精神生活、发扬道德价值的特殊效准和独立领域，亦无须求其科学化。换言之，即无须附会科学原则以发挥儒家思想。(《五伦思想的新检讨》)

我想在贺麟的话上再加一句话，即"我们既不必求儒化的政治，也无需政治化儒家思想"。这句话的意思是说，在今天这个时代，我们已没有必要，也没有可能以儒家的理念去规范政治，也没有必要继续把儒家学说确定在为"政统"作证的地位上。这仅是有感于牟宗三等把"继续政统"作为"儒家第三期"的文化使命而发的。

有些学者主张把传统儒家伦理大体分析为两个层面，即一是与封建专制政治制度有着密切关系的那些理念和道德规范的层面，另一则是一般社会公共伦理观念和道德规范，以及作为个人心性修养学说的层面。他们认为，现时代讨论儒家伦理问题，首先应当厘清上述两个层面，然后扬弃前者，继承和发扬后者。这也是有见于传统儒家伦理在两千年的历史中，那些与封建专制政治制度密切关联的理念和规范，确实有着严重的负面影响，且与当今的时代潮流相背离，所以务必扬弃。这也就是说，应当把儒家学说从"政统"中剥离出来，还它以一般学术思想的本来面貌。

这一点非常重要。儒家学说本来只是一般的学术思想，是百家中的一家，只是在汉代以后才成为与"政统"联系在一起的，具有特殊身份的官方学术。唐宋以后，理学家们又为儒家学说编造出了一个"道统"，并进一步与"政统"捆绑在一起。正因为如此，它也就成了近代社会变革时期思想观念上首当其冲的批判对象。因此，剥去其"独尊"的特殊身份，扬弃其为特定历史时期"政统"服务的层面，回复其一般学术思想的普通身份，是使儒家思想与伦理在现时代得以正确发挥其应有社会作用的先决条件。

需要说明的是，我这样说时，并不是说儒家学说中就没有可为现代政治和科学汲取的理论成分。相反，我一直认为，儒家学说中有许多思维方法对克服西方实证科学思维方法中的某些片面性有着重要的启发意义；同样，儒家学说中的一些政治理想、治国原则、官僚人格等理论对改善当前的政治制度和政治环境等也是不乏可借鉴之处。然而，这一切对于儒家学说的继承和新的阐发，完全是凭借其自身学理上的深刻去影响社会的，是与其他东西方各家学说一样的一种平等的参与。

| 3 |

就现代中国来讲，传统文化（包括儒家伦理）参与现代社会文明建设具有特别重要的意义。

如上所述，由于近百年来对于传统文化与伦理的激烈批判否定，传统的伦理价值观念在社会上已所剩无几，在人们的头脑里也已非常淡漠。因此，当各种各样的西方文化和伦理价值观念涌进来以后，人们一方面深感其与本土国情民俗甚多相违之处，不当任其自由泛滥；但另一方面又因于传统伦理价值观的长期被自我否定，难以理直气壮地去面对和回应西方伦理价值观的挑战。这一历史的和现实的严酷教训，终于使人们有所省悟而开始认识到：传统文化和传统伦理价值观念不应全盘否定，传统文化是建设和发展现代文化的根基，现代伦理价值观应当在与传统伦理价值观的整合中确立。

20世纪90年代以来，政府部门的大力倡导弘扬优秀传统文化，社会上广大群众对传统美德的表扬和召唤，以及教育界、理论界乃至许多企事业管理部门对传统伦理价值观念和道德规范的热烈讨论，可以说都是在上述背景下萌发出来的。现在可以这样说了：在中国，传统伦理，主要是儒家伦理，在新的视角下重新受到了政府、社会和民众的关注与重视。

近年来，人们对儒家伦理学说中的心性修养理论、家庭孝悌之道、仁爱待人之心、见利思义之理等问题展开了广泛的讨论。大部分意见认为，儒家在这些问题上的许多论述，对于纠正我们当前社会现实生活中存在的问题是很有启发的，应当积极继承与发扬，并通过新的、通俗的阐发，普及到广大民众中去。

儒家的心性修养学说，是新文化运动以来批判旧道德的重点内容之一。尤其在"文革"中，随同对刘少奇《论共产党员的修养》一书的严厉批判，儒家心性修养之说更被视为所谓培养地主阶级孝子贤孙的理论和方法而遭到彻底地否定。在相当长的一个历史时期里，在我国大中小学的思想教育课程中是不讲"修身养性"问题的，即使在专门的伦理学教科书中也没有关于"心性修养"的内容。继而在西方个人主义理论的侵袭下，许多人在根本没有全面弄清西方个人主义含义的情况下，更是连一般的个人身心修养也都把它看成是一种否定个性、泯灭自我的愚人行为和理论而予以否定。此外，多年来我们在教育方针上虽然一再强调德、智、体全面发展，而且明确要求把德育放在第一位，然而在实际执行中却是把智力开发、知识教育放在了压倒一切的位子上，而在德育教育方面也只是把重点放在抓所谓的"政治方向"这一点上。可以这样说，多少年来在广大青少年中，很少有人能正确了解个人心性修养的意义，更谈不上去实践心性修养了。这是我国文化建设、教育实践中存在的一个严重问题。

随着我国社会经济、文化、政治改革开放的深入发展和国际交流的广泛开展，人们越来越感觉到我国国民素质亟待提高。而且，人们也越来越意识到这种国民素质的提高，应当是一种全面的提高。也就是说，它不仅是现代科技知识的提高，而且包括一般人文知识的提高，以及为人之道的提高。而从某种意义上来说，或从广大民众的角度来说，为人之道的提高，亦即基本做人准则、伦理观念、道德规范的确立和提高,在国民素质的养成和提高中,具有更为根本、更为重要的意义。而为人之道的养成和提高,主要靠教育(社会教育、学校教育、家庭教育)和自我修养。这里,教育是外在的、被动的,自我修养则是内在的、主动的。伦理道德的践行既有外在的他律约束,更需要靠内在的自律自觉。自我心性修养既是主动养成正确伦理观念和不断提升人格境界的途径,更是在行为上自觉实践伦常义务、道德规范的自律功夫。可以这样说,有没有自我修养是检验一个人是否是一个自觉的人的根本标志。于是,自我修养的问题从理论上、实践上重新引起了社会的关注,人们开始为"修养论"恢复名誉。同时,对儒家伦理中丰富的心性修养理论和实践经验,人们也开始敢于如实地肯定其中所包含着的各种合理因素,以及值得我们今天继承和借鉴的东西。

1993年,我在东方传统伦理与当代青少年教育的国际讨论会上,发表了一篇题为《儒家修养论今说》的论文,探讨了儒家伦理中修养学说的理论价值和它对当今社会的现实意义。论文的部分论点在《人民日报》的一篇报道中摘引发表后,引起了社会上不少人的共鸣。他们写信给《人民日报》编辑部表示对论文观点的支持,呼吁社会重视和加强修养教育,也有许多人写信给我,希望得到论文全文。可见人们面对社会现实中的种种问题，在深刻的反思中呼唤优秀传统的回来。

儒家的修养学说是建立在他们对人的本质的认识之基础上的。儒家认为，人的本质就在于具有伦理观念和道德规范，这是人与禽兽根本区别之所在。而能不能自觉地培养、遵循伦理观念和道德规范，能不能不断提升人格境界，则是圣贤与一般人的区别之所在。儒家十分重视教育在基本伦理观念和道德规范养成方面的作用，但是在培养伦理观念和道德规范的自觉，以及不断提升人格境界方面则更为强调自我的修养功夫。孔子说："为仁由己，而由人乎哉？"也就是强调道德的自觉自律。

人们一般都把儒家的修养论理解为仅仅是道德方面的修养，其实儒家所讲的修养，是以道德为中心的一个人的全面素质修养。儒家学者认为，道德修养不是孤立的，而是与一个人的全面素质提高密不可分的。因此，儒家所讲的修养论中，同时也包括了文化知识、文学艺术、职业技能，乃至日常生活中的礼仪规范等的养成和提高在内。孔子说，人之为学应当"志于道，据于德，依于仁，游于艺"。这里所谓的"艺"，就是传统上所说的礼、乐、射、御、书、数等"六艺"。儒家学者把日常生活中的各种礼仪规范，如洒扫应对等，也看成是进德成业不可或缺的修养内容。这是很有道理的。试想，一个连最起码的生活中的礼仪都不愿意做或做不好的人，怎么可能期望他会成为一个有高尚品德和能成就大事业的人呢？

事实上，现代社会对每一个人的素质要求更高。科学越发展，人类驾驭和支配自然资源的力量越强大，同时也就要求人们能更自觉地约束自己，节制自己的欲求，而且要学会尊重自然，爱惜资源，树立起一种"生态伦理"观念来。在这方面，儒家伦理中强调"不违天时""节用""御欲"，反对不时砍伐、渔猎，讨伐"暴殄天物"等思想是很值得我们今天借鉴的。同样，民主越发展，个人越自由，同时也就要求每个人都能更加自觉地约束自己，更加懂得尊重他人，树立起一种真正符合人人平等自由的"人际伦理"观念来。在这方面，孔子说的"己所不欲，勿施于人"的"恕"道等，即使在今天也不失为一条有益的教训和人际伦理的准则。可是，我们今天有多少人能达到这样的修养功夫呢？不多。多数人正在逞人类高科技的威风，向自然资源进行掠夺性的攫取，沉湎于挥霍浪费型的"现代生活方式"之中。多数人以为民主自由就是无拘无束的任性所为，殊不知当你要求的自由与他人所要求的自由发生矛盾时，双方各自所要求的自由，同时也就成了对方自由的制约。这样，每个人的自由度越大，相互间发生矛盾的概率也就越大，制约也就越多。更何况还有各种团体的、社会的、政府国家的守则、制度、法律等约束着你。所以，一个人如果不能自觉自律，而滥用民主自由，我相信即使在一个再民主的制度下，他也会"动则得咎"的。

孟子说："天将降大任于是人也，必先苦其心志，劳其筋骨，饿其体肤，空乏其身，行拂乱其所为，所以动心忍性，曾益其所不能。"(《孟子·尽心上》)对于生长在现代优裕生活环境中的青少年，尤其需要有这种自找苦吃的自我修养精神，否则是担负不起21世纪的人类社会建设任务的。值得一提的是，在1995年纪念五四运动76周年的日子里，北京大学的研究生会发起了一项以自我修养为中心的继承发扬传统美德，树立新一代大学生精神风貌的道德建设工程。这一消息在报纸和电视台发布后，得到了全国许多高等院校的热烈响应，也纷纷开展起了道德建设工程。这是一件十分可喜的事，它完全是学生们自动发起的，是他们从时代、社会的要求和自身形象塑造中体会出来的，所以既亲切又真实。在他们所制定的工程计划中，学习传统伦理学说是重要内容之一。这就充分说明，即使在青年中也已认识到传统伦理，包括儒家伦理，在建设现代社会文明中还是有它重要意义的。

在儒家伦理中,"忠""孝"问题也是一直受到激烈批判的,而其中尤其是对"孝"道的否定,更是长期以来使人不敢正面议论的一个题目。然而,近年来社会上弃老不养,乃至虐待亲生父母的事情时有发生,至于对尊长缺少礼貌,甚至连基本的尊老敬长礼貌都不清楚的,则更是一个相当普遍的现象。还有,在当前大量"四二一"结构(祖父母、外祖父母为四,父母为二,独生子女为一)的家庭中,由于祖辈或父母的溺爱,独生子女成了家庭中的"小皇帝",更不知尊老敬长为何物了。目前,在中国家庭中,父母对子女的慈爱有加无已,有的甚至大大过了头,变成了溺爱,而反过来子女对父母的孝敬则不仅无增,反而有减。这样的家庭伦理,长此以往是十分令人担忧的。家庭是社会的细胞,是最基础的社会结构,家庭伦理习惯的养成,是走向社会、接受社会伦理的准备。孟子尝说:"老吾老,以及人之老;幼吾幼,以及人之幼。"一个在家庭中不知孝敬父母长辈的人,很难想象他在社会上能敬重师长和尊长。因此,目前中国社会上伦序失常的现象,并不比家庭伦常失序的现象好多少。而社会伦序的失常,除了表现在对尊长的缺少礼貌外,更表现在大量的职务职责上的失伦失序,即不能在各自的职位上尽伦尽职。

有鉴于此,近年来一些有识之士,不断呼吁社会重视家庭伦理的建设和教育。特别是一些伦理学学者，提出了对"孝"道的重新检讨，认为在当前中国社会环境下，在家庭伦理中只提倡一般的"尊老爱幼"是不够的，还应当强调子女对父母的孝敬之道。因为，父母对子女有直接养育之恩，这种亲情之间的孝慈关系，是与对一般尊长的敬重关系不完全相同的。提倡孝敬父母，正是要人们增强这种亲情的天伦观念，而且要人们懂得对家庭尽伦也就是对社会尽职的道理。

理论的讨论推动了行动的决心，现在"孝敬父母"的条文已正式列入了"小学生守则"，成为国民基础教育的一项内容。如果结合上面提到的背景来看，这一变化在中国来讲，应当说是十分巨大的。甚至可以说是近百年来在对待传统文化，特别是传统伦理问题上，价值观念的一个根本性转变。随着对传统文化、儒家伦理种种偏见和误解的消除，去掉那些不应当再由儒家伦理来担负的责任，我相信，儒家伦理是能够为现代中国的经济建设和文化建设做出积极贡献的。

第十二讲

中国文化的反思与展望

近年来，无论是在西方还是在东方，都出现了一个了解和研究东方文化的热潮。越来越多的有识之士，在检讨欧洲（西方）文化中心论的同时，开始了对东方文化的历史贡献及其现代意义的深入研究。这是一个非常值得重视的世界文化发展趋势的新动向。可以想见，随着人们对于东方文化基本精神的深入了解、把握与改造、吸收、运用，在不久的将来或许会构筑出一些新的东西方文化模式来，从而把世界文化推向一个新的历史发展阶段。

说到东方文化，首先有一个如何界定"东方"的问题。东方原本只是一个相对的地理概念，所以在历史上处于不同地理位置的国家，其所指称的东方是不同的。近代以来，人们逐渐形成一个约定俗成的共识，即把欧洲以东的地区（其中主要是亚洲）称之为东方。而到了现代，东方的概念中又加进了政治和经济方面的含义。如称资本主义社会、经济发达国家为西方世界，称社会主义社会、经济不发达国家为东方世界等。至于东方文化这个概念,按照目前学术界一般的认识,以及文化分类学上对于历史和区域文化圈的划分,我们这里所说的东方文化主要是指亚洲地区,包括部分非洲地区的历史传统文化。

对于历史和区域文化圈的分类,在学术界有粗细、多少等不同的划分法。细分者,有将世界历史上出现过的文化,按其不同的特点划分为二十多种类型的。但从对世界历史影响最深远的文化来说,学术界则基本上一致公认先后主要有五大文化圈(或类型),即:希腊(罗马)文化圈、希伯来(基督教)文化圈、汉(儒、道)文化圈、印度(佛教)文化圈、伊斯兰(阿拉伯)文化圈。其中,希腊文化和希伯来文化的融合,成为现代西方文化之根;而汉文化与印度文化的结合,则成为现代东方文化之源。伊斯兰文化具有某种介于东西方文化之间的明显特性,它至今牢固地根植于阿拉伯国家,其影响及于广大的伊斯兰教信仰地区。依照目前学术界的习惯分类,伊斯兰阿拉伯(上继古波斯)文化是归属于东方文化的范围之内的。

"文化"一词的含义也是十分复杂的。从广义上讲,它包含了器物、制度、精神等三个层面;而从狭义上讲,往往只指精神文化。精神文化的内容也是十分丰富的,主要有哲学、艺术、科学、宗教、道德等,而又以哲学思想为其核心。在具有悠久历史传统的东方文化中，无论是在器物文化、制度文化层面，还是在哲学、艺术、科学、宗教、道德等精神文化层面，都有着精深的思考和杰出的创造。东方智慧为人类的文化宝库做出了极其宝贵而丰富的贡献。这里，我只想就如何认识东方文化的历史价值，东方文化对西方文化的影响，以及东方文化的未来展望等几个问题谈一点个人的看法。

由于欧洲资产阶级革命和工业革命的成功，近几百年来，西方在经济上和政治上一直处于世界的领先地位，西方文化因而也就在世界上发生着广泛而深刻的影响，这是一个无可否认的历史事实。19世纪以来，由于当时的东方国家大多处于落后、贫弱的地位，而西方资本主义国家则是先进、富强的现成榜样，于是人们很自然地把先进、富强与西方文化联系在一起。因此，近一百多年来，所有的东方国家在为摆脱落后、贫弱和走向现代化的奋斗进程中，无不积极地、大量地学习和吸收西方文化。从历史的、发展的观点来说，这种学习和吸收是完全必要的、合理的和进步的。但是，与此同时也明显地存在着一种文化论上的片面和失衡，即对西方文化的盲目推崇和对东方文化的妄自菲薄。长期以来，人们一味赞扬西方文化的优点而看不到它的短处，严厉批评东方文化的缺点而看不到它的长处。直至今天，在相当多的人的头脑中仍然潜伏着一种唯西方文化为是、为优的思维模式。尤其是在自然科学理论、生产工艺技术等方面，以及社会政治上的民主、自由、平等等理论，人们更是奉西方文化为圭臬。有些人甚至把现代化与西化等同起来，认为只有按西方文化的精神和模式才能走向现代化，而东方文化则是通向现代化道路上的一种障碍。

无可否认，如果仅从文化角度来说，当今世界物质生产的迅速增长、科学技术的高度发展，是与西方文化中重视自然科学理论、重视改造自然环境等传统有一定的关系。而近代资产阶级的民主政治制度也为自由竞争的资本主义经济的发展提供了适宜的社会环境。由于高度的科学技术和丰富的物质生产，给一些发达国家中的部分人，提供了相当富裕的现代化生活，当前它正在成为其他不发达国家、民族所羡慕和追求的目标。因此，在世界现代生活中，人们追求西方（文化）化的倾向，比之于以往诚可谓有过之而无不及。

其实，近代西方文化远不是完美无缺的，特别是经过20世纪的两次世界大战，以及随着现代高科技的发展，近代西方文化内在的偏颇和弊端（包括民主和科学在内的各方面），日益暴露了出来。而20世纪60年代以来，日本战后经济的迅速恢复和发展，以及亚洲"四小龙"经济上奇迹般的腾飞，显示出东方国家在走向现代化进程中的某些特色。在这些特色中，有不少是与东方文化相关的，事实说明东方文化与现代化并不是截然对立的，更不是一无是处的。它的某些长处，对于补救西方文化中所存在的偏颇和弊端是大有裨益的。东方文化已经引起了世界各国、各地区政治家、思想家、科学家们的广泛重视和研究。因此，在今天的历史环境下，人们很有必要对东方国家在现代化进程中，如何合理地吸收西方文化，如何正确地对待自己民族传统文化等问题，加以深刻的历史反思。

所谓历史的反思，并不是要人们去纠缠于那些历史的陈年旧账，也不在于简单地去判清那些历史上的是是非非，而是要人们从中找寻出现在和未来前进的道路和方向，并根据现实进行新的探索和规划。根据当前东亚地区在现代化进程中所取得的经验和所提出的问题，在如何对待东方文化的问题上，我认为有许多方面是需要人们去认真进行探索和规划的。

在当今信息已进入全球交通的时代，东西文化之间的交流、相互吸收和融合，已成必然的趋势。而与此同时，文化多元化和寻求保存不同民族、地区传统文化特质的寻根意识，也在不断地增长。我们既不应因融合而抛弃民族传统文化的特质，也不当因保存民族传统文化特质而拒绝交流、吸收和融合。对于这两种时代的趋势，无论是东方人还是西方人都应当在认识上和行动上有一种自觉。如上所述，近代以来由于历史的原因，在相当长的时期里，造成了许多东方人在文化问题上的一种偏识，即对西方文化的盲目崇拜和对东方文化的自惭形秽。因此，对于东方人来说，提高对于东方文化的自觉，尤其具有特别重要的意义。

东方人的这种文化上的自觉，首先应当纠正把现代化等同于西方化的偏识。这种偏识主要是由于有些人只强调东西文化之间的古今区别而造成的。其实，东西方文化之间有许多方面的差异，特别是某些思想观念和方法上的差异，反映了人类文化形态的丰富性、多样性，是不能完全用古今差异来概括的。它是由不同区域和民族，在长期的历史发展过程中形成和积淀起来的文化差异。这两者，同是人类文化宝库中的宝贵财富，它们相辅相成，互补互进，而不应当强分优劣高下，是一非一，存一去一。

20世纪30年代，在中国文化思想界曾经发生过一场关于现代化与西方化、中国本位文化与西方文化关系的大争论，其中有些观点是值得我们今天借鉴的。例如，当时有不少学者就明确指出："'科学化'与'近代化'，并不与'欧化'同义，所以我们虽科学化近代化而不必欧化。"

或者说，现代化不等于西方化，"现代化可以包括西化，西化却不能包括现代化"。他们认为，就中国的现代化来说，简要地讲既要"将中国所有，西洋所无的东西，本着现在的知识、经济和需要，予以合理化或适用化"，同时也需"将西洋所有，但在现在并未合理化或适应的事情，予以合理化或适用化"。这种强调不论是对中国文化还是西方文化，都应本着"现在"的立场去加以"合理化或适用化"的思想，即使在今天也还是有启发的。

又如，当时也有相当多的学者已强烈地意识到，在中西方化的交流和融合过程中，保持民族文化主体自觉的重要性。有的学者讲，"一个民族失了自主性，绝不能采取他族的文明，而只有为他族所征服而已"。所以，只有"恢复中国人的自主性，如此才能有吸收外族文化的主体资格"。有的学者则说，"没有本位意识，是绝对不可与外来文化接触的"，因而提出在文化上应坚持"不忘自己""为的自己"和"不独化、不同化"的原则。所谓"不独化"是说，"我们应该了解世界生活和世界文化的相关性，不可闭关自守的企求复古"；所谓"不同化"是说，"我们应该尊重我们独立自尊的文化与民族，不可在与欧美文化接触之时，便为欧美文化所同化"。总之，他们认为在文化问题上，"自大心是不可有的，自尊心和自信心却是绝对离了不可的。

盲目的保守固然危险，随便乱化也是笑话"。

这些论说，体现了一种现实的态度，一种坚持以民族文化为主体的独立自强精神，它也是我们今天所应当坚持的。近代西方文化之所以相对先进于东方文化，是因为它经过欧洲文艺复兴、启蒙运动等几个世纪的艰苦变革，实现了从中世纪向近代化转变的缘故。而并不像有些人所胡诌的那样，它自古以来就先进于东方文化。因此，同样的，东方文化只要经过艰苦的变革，实现向现代化的转变，是能够与西方文化并驾齐驱的。这是我们东方人文化自觉的一个重要方面，即应当积极地、自觉地去做使东方文化向现代转化的工作。

有些人曾断言，中国文化（包括东方文化）缺乏自我更新的机制，不可能实现向现代化的转化。这种说法，在理论上是荒谬的，在事实上也是没有根据的。首先，人们无法理解，一种缺乏自我更新机制的文化，何以能延续至数千年之久。其次，所谓"自我更新机制"的提法也是含混不清的。如果说，"自我更新机制"是指排斥任何外来的刺激，以及吸收、融合外来的东西，那么，可以说世界上找不到一种文化是具有"自我更新机制"的。说穿了，那些断言东方文化缺乏自我更新机制的人，其目的无非是为了反证西方文化之富于"自我更新机制"，可是，他们忘记了，或者说故意回避了一个最基本的历史事实，那就是欧洲在文艺复兴前后强烈追求东方文化刺激的情景，以及东方文化中浓厚人文精神色彩的思想理论，在西方文化从中世纪神学樊笼中解放出来的过程中所起过的巨大影响。

因此，更新总是与一定的外来刺激和借鉴、吸收、融合等分不开的。我们坚信，经过东方各国各民族的共同努力，通过积极吸收西方文化的有益营养，东方传统文化是能够实现向现代化转化的，是能够适应并推动世界现代化的潮流和进程的。

凡是不带偏见的人，都能看到东方文化中蕴涵着大量人类智慧的精华，它不仅对世界古代文明的发展做出了巨大的贡献，而且还将对今日世界和未来世界的文化建设做出更大的贡献。

过去，由于受西方近代科学主义思潮的影响，在相当长的一段时间里，人们对于东方文化中那些素朴的、非实证（或待实证）的、重人文的学说和方法大都持一种否定态度，贬之为非科学的、神秘主义的玄学，并期待着科学去把它们淘汰、消灭。例如中医中药，在20世纪前半个世纪中就被不少人看作是中国科学落后的标志之一。在上述30年代的那场文化论战中，就有人痛心疾首地说，所谓"国医"，"明明白白的是一种文化落后的民族的产物，绝对没有资格和科学的医术抗衡",并且断言"我相信,经过长时间的淘汰,'国医'是一定要消灭的"。在那个时代,发表这类带有强烈偏见的议论是不足为怪的,对于议者的心情也是可以谅解的。不过事实和历史的发展证明,中医中药绝不是"一种文化落后的民族的产物",相反,它是东方文化中一笔极为珍贵的财富;中医中药也不是"绝对没有资格和科学的医术抗衡"的,相反,恰恰是它在许多方面比之所谓的"科学的医术"更具科学性。目前,中医中药的实际医疗效果已得到了世界的普遍承认,中医中药的理论也引起了世界上越来越多的科学家的研究兴趣。通过中西医的结合和运用现代科学方法、技术手段,中医中药的实践和理论中所包含的科学内容,正在不断地被人们发现和认识。中医中药的实践和理论已经开始,并且正在迅速地向现代化转化。现在,可以断言,中医中药不仅不会被淘汰和消灭,相反将得到积极肯定和发展。同时也可以相信,其他东方传统医术,诸如中国的藏医、印度的医明(梵语cikitsa-vidya)、日本的和医等,也不会被简单地淘汰和消灭。在积极吸收现代医学理论、方法、技术后,其中的精华必将得到发展,而形成现代藏医、现代医明和现代和医。

又如,在传统东方文化的认识论和方法论中(以中国的儒释道为例），是比较侧重于个体经验的体认和直接把握，比较侧重于事物之间的联系和整体直观的，而缺少理性分析和概念推理。因此，当近代西方自然科学中的实证方法，以及哲学中的理性主义、逻辑分析方法等传入东方后，在一般人的心目中，也似乎只有实证的、理性的、分析的才是唯一科学的认识和方法，而对传统东方文化的认识论和方法论则予以严厉的批判和否定。不可否认，缺少实证、理性、分析是传统东方文化的认识论和方法论中的一大缺陷。但并不能由此断言，个体经验体认和整体直观的方法就只有否定的一面。事实上，对这方面的问题，在理论上至今还没有一个一致的意见。相反，随着现代科学的日益深入发展，人们已开始明显地感觉到，实证和分析的方法并不是万能的，它也存在着一定的局限性，而带有强烈随机性的体认和直观的方法则并非一无是处。目前，东方人的思维方法已经引起广大自然科学家和人文科学家的浓厚兴趣。可以相信，传统东方文化中丰富的有关体认和直观思维方法的资料，经过选择和改造，定将转化为发展现代思维科学的有益养料。

传统文化的现代转化，具有多方面的发展和应用的可能，而不是固定的、单向性的。也就是说，原来发生或应用于某一方面的理论、观点、原则，经过改造和转化，并不一定必须或只能应用于原来的范围，而完全可以灵活变通，推广到其他广阔的领域中去。在东方文化的宝库中，有丰富的协调各种人际关系的伦理理论和原则，在剔除其中的封建糟粕后，有许多伦理原则和道德规范还是适用于现代社会的人际关系的。这些原则对于当今一些发达国家中，一切以物质利益为中心而造成的冷漠的家庭关系和社会关系，可能起一定的改善作用。同时，这些伦理理论和原则也可以推广到其他方面去。如目前，在东亚的日本、新加坡等国（也包括欧美一些西方国家在内），他们借用《孙子兵法》中的军事理论和原则，融会《论语》中的伦理理论和原则，吸收《老子》中的无为理论和原则等，将其运用到现代企业的管理和经营中去，已取得了显著的成绩。有关这方面的经验是十分值得重视的，其中体现了浓厚的东方文化的色彩，提供了东方文化向现代化转化，为现代化服务的有力实例。因而它同样也引起了东西方世界的广泛瞩目。

随着东方的觉醒和迈向现代化，引起了我们对于东方文化的历史反思。通过历史的反思，应当对于东方文化有一个正确的认识，从而建立起人们对于东方文化的自觉、自尊和自信。

今天，在一般人头脑中，对于西方文化对东方的影响知道得比较多，而对于东方文化对西方的影响则了解得十分的少。其实，东西方文化的交流自古以来就是双向的，而且正是这种双向的交流，为各方不断注入了新的因素，从而使各方的文化得到新的发展。人们可知道，当我们今天许多人在钦慕西方文化时，自古至今也有许多人在钦慕东方文化呢！东方文化传入西方、影响西方，可追溯到公元之前。如古印度与希腊、罗马早有交流，现存汉译佛典中有一部名叫《那先比丘经》的经书，说的是弥兰陀王（公元前2世纪左右支配西北印度的希腊人国王）在与那先比丘的问答后皈依佛教的故事，记载了古印度与古希腊思想文化上的不同和交流。中国古代的丝绸之路，也远达希腊、罗马。《汉书·张骞传》中所记载的"大夏"系指希腊人所建之国，"大秦"则指罗马帝国。

恩格斯在《自然辩证法》一书的"历史的东西——发明"一节中列举了一部分对历史发展有着重要影响的科学发明，其中有好几项是与中国和阿拉伯有关的。如："蚕在550年左右从中国输入希腊""棉纸在7世纪从中国输入阿拉伯，在9世纪输入意大利""意大利的养蚕业，1100年左右""磁针之从阿拉伯人传到欧洲人手中，1180年左右""破布造纸，14世纪初叶""木刻和印刷（15世纪初叶）"，等等。阿拉伯国家由于所处的特殊地理位置，他们在东西方文化的交流中，发挥了中介与使者的作用。许多西方学者也都肯定了这一点。例如，萨诺菩在其所著《中古及近代文化史》第八章"西方之东方文化"中就说："阿拉伯人集东方世界所有发明与所有知识之大成……西方世界返于野蛮后之重又文明，胥受阿拉伯人之赐。"

萨诺菩所说的"西方世界返于野蛮后之重又文明"，指的是欧洲经过文艺复兴，冲破中世纪的黑暗时代，而走向近代文明社会。确实也如萨诺菩所说，欧洲在由中世纪走向近代文明的历程中，受东方文化，特别是中国和阿拉伯文化的恩惠是不可磨灭的。朱谦之曾深刻地指出：文艺复兴"严格来说，是指欧洲15世纪后半期开始从封建社会的经济结构中，最初萌芽产生了资本主义生产及其相适应的上层建筑的形成过程。但追溯到这一段历史，则实从13世纪以来，从东方各民族那里取得东方技术上的成就，为其物质的重要条件"。许多西方学者也都肯定，由东方传入的中国的四大发明：造纸术、印刷术、火药、罗盘（指南）针，为欧洲文艺复兴的物质基础创造了重要的技术条件。而东方精神文化的西传则更加激起了欧洲文化界、思想界的巨大震动和强烈反响。

13世纪为蒙古民族勃兴的时代，其军事、政治势力一度横跨亚、欧大陆，它对于推动东西方文化的交流起了很大的作用。其时，欧洲来东方，特别是来中国的传教士、商人、使节等络绎不绝，他们传回去的有关东方各国的情况，在欧洲产生了很大的影响。它使欧洲人耳目一新，唤起了人们对欧洲中世纪文化的不少检讨。其中影响最大者，当推著名商人、旅行家马可·波罗所写的游记。朱谦之在分析《马可·波罗游记》的影响之一时说："《马可·波罗游记》的第二影响是在唤起了一部分欧洲人之美的与物质的生活之愿望。文艺复兴前的中古文化是精神的、禁欲的、天国与神本位的；文艺复兴则为人类本位的、现世与自然本位的。固然这种美的物质的生活倾向是通过当时经济条件接受了希腊的影响，然而借《马可·波罗游记》的力量而格外增强。希腊的影响是一种复古精神，《马可·波罗游记》中的'契丹'则给欧洲人以理想的黄金国。"我认为，朱先生的分析是十分平实允当的。

16世纪以后，欧洲耶稣会士开始来东方传教，关于他们东来的原因和目的是一个十分复杂的问题，这里可暂时不去议论它。不过，在此过程中也进一步促进了东西文化的交流，特别是学术、思想方面的交流。当时的耶稣会传教士们，除了传播天主教教义和神学哲学外，也介绍了一部分欧洲的政治、历史和科学技术知识。而与此同时，为了更好地传教，他们也积极地了解和研究东方（中国）文化，并将其介绍给欧洲的同胞。大概也就是从这时开始，欧洲人才开始由对物质文化层面的了解，进入到了对于东方，尤其是对中国思想、学术层面的了解。这时，在欧洲出版了许多耶稣会士介绍中国的书刊，对当时欧洲的学术界、思想界产生了极大的影响。其中，如从1703年起在巴黎陆续出版的《耶稣会士书简集》（哥俾恩、竺赫德编），汇集了耶稣会士们写给本会的部分书信，全书26卷，两大巨册。据朱谦之介绍说："此书报告纯用通信的形式，将考察所得中国的政治制度、风俗习惯、历史地理、哲学、工商情况均详加报告。或依据汉籍，或实地考察，因报告者本身均为当时具有一定学识的传教士，而此一部中国文化之百科全书又极能满足欧洲知识界的信仰与好奇心，故影响极大，如伏尔泰、霍尔巴赫及宗教的反对者，均从此书得到了许多益处。"又如，1735年巴黎出版的《中华帝国全志》（竺赫德编），也是汇集耶稣会士的报告而编成的。"此书第一卷记中国各省地理，并作从夏至清23朝之历史大事记。第二卷论政治经济，并叙述中国的经书和教育。对于《易》《书》《诗》《礼记》《大学》《中庸》《论语》《孝经》《小学》等均简单介绍，唯于

《孟子》特详，分14章。第3卷述宗教、道德、医药、博物等，并抄译元曲《赵氏孤儿》。第4卷记述满洲、蒙古，并涉及西藏、朝鲜的研究。因为此书能将远东第一文明国的消息传到欧洲，故影响极大，一时学者如伏尔泰、孟德斯鸠、霍尔巴赫、魁奈等关于中国问题均取材于此。"此外，还有许多不同的《四书》《五经》的单译本和对于儒家、孔子思想研究的论文。

由此，中国的经籍和孔子学说，"在法国大革命以前，已唤起欧洲一般知识界人士的注意，成为当时知识界人士的精神食粮。中国成为一个理想至治之世，直如乌托邦一般，同时孔子也给理想化成为这一世纪（18世纪）的守护尊者"。这一点，只要读一下伏尔泰或狄德罗等人有关中国的论著，即可得到完全的证实。如狄德罗就说："中国民族，其历史的悠久，文化、艺术、智慧、政治、哲学的趣味，无不在所有民族之上。据一部分学者的意见，他们所有的优点甚至可以和欧洲最开明的民族抗争云。"而伏尔泰则大力称颂孔子学说，并作诗赞美道："他使世人不惑/启发了人心/他说圣人之道/绝不是预言者的那一套/谁知到处使人相信/也使得本国深深的爱好。"所以，英国著名的中国科技史研究者李约瑟教授，在一篇题为《中国文明》的讲演中说道："当余发现18世纪西洋思潮多系溯源于中国之事实，余极感欣忭。……吾人皆知彼启蒙时期之哲学家，为法国大革命及其后诸种进步运动导其先河者，固皆深有感于孔子之学说，而曾三复致意焉。"德国18世纪著名哲学家莱布尼兹对于中国文化的赞扬也是人所共知的。如当他发现《易经》爻象符号可与他提出的二进制算术相印证时，他是如此的兴奋。他说："这种算术是这位伟大的创造者（指《易经》作者）所掌握，而在几千年之后由我发现的。"他还进一步认为："由此也可以看出，古代的中国人不仅在忠孝方面（在这方面中国人达到了最完满的道德标准），而且在科学方面也大大地超过了近代人。"

20世纪以来，尤其是在经过两次世界大战之后，西方文化中的偏颇暴露得越来越明显了，世界各国的有识之士都在积极地以新的眼光重新审视东西方文化。东方文化在世界文化中的价值越来越为人们所认识，东方文化在世界现实生活中正在发生越来越广泛的作用和深刻的影响。东方文化（以儒、佛、道为主），在协调社会人际关系、调节个人生理心理的平衡以及提升道德精神生活等方面具有十分积极的意义，已为人们所共识，并在现代生活中合理地加以吸取和运用。不仅如此，现代人还正在把东方文化中许多关于认识自然的原理（如"自然无为""天地万物一体"等）和社会生活的实践原则等，广泛地运用于国家治理、经济发展、企业管理、环境保护、科技发展等各个领域。

当代著名化学家、1977年诺贝尔化学奖获得者普里高津，在为他的著作《从混沌到有序》中译本所写的序言中说："中国文明具有了不起的技术实践，中国文明对人类、社会与自然之间的关系有着深刻的理解。""中国的思想对于那些想扩大西方科学的范围和意义的哲学家和科学家来说，始终是个启迪的源泉。我们特别感兴趣的有两个例子。当作为胚胎学家的李约瑟由于在西方科学的机械论理想（以服从普适定律的惯性物质的思想为中心）中无法找到适合于认识胚胎发育的概念而感到失望时，他先是转向唯物辩证法，然后也转向了中国思想。从那以后，李约瑟便倾其毕生精力去研究中国的科学和文明。他的著作是我们了解中国的独一无二的资料，并且是反映我们自己科学传统的文化特色与不足之处的宝贵资料。第二个例子是尼尔斯·玻尔，他对他的互补性概念和中国的阴阳概念间的接近深有体会，以至他把阴阳作为他的标记。这个接近也是有其深刻根源的，和胚胎学一样，量子力学也使我们直接面对'自然规律'的含义问题。"这里，我们还可以举出20世纪80年代初风行美国的卡普勒所著的《物理学之道》一书为例，该书用道家和禅宗思想来讨论现代物理学上的各种问题，取得了相当的成功。

此外，目前尚处于方兴未艾的自然疗法、自然医学等，也都与东方文化有着密切的关系。随着人们对东方文化的了解和把握，东方文化对西方文化的影响必将越来越大。

人们是否冷静地思考过，当今如此迅速增长的物质生产和高度发展的科学技术，在给社会和人类造福的同时也会给社会和人类带来负面的影响呢？目前的事实是，当人们（一部分人）在享受富裕的物质和由先进科技提供的高度方便的现代生活的同时，却正在精神上和肉体上不同程度地经受着由这种现代生活给人类带来的种种病变的煎熬。

从现象上来说，现代生活中的种种病变有相当一部分是与当今高科技的迅速发展有一定的联系。诸如：现代生活加剧了人与自然的对立。人们为满足自身的欲求，利用现代高科技为人类提供的有力手段，无限度地向自然界索取各种资源，进行掠夺性的开发，从而严重地破坏了地球的生态平衡。而现代高科技提供的方便生活，也在很大程度上鼓励和养成一种浪费性的消费习惯。这种生活消费习惯，不仅浪费了大量宝贵的资源和财富，而且制造了大量的生产和生活的废弃物，从而严重地污染了人类生存的自然环境。自然环境的污染，生态平衡的破坏，造成了全球性的气候反常，旱涝风雹灾害的频仍，怪病恶疾的孳生蔓延，它给人类的生存带来了严重的威胁和无穷的烦恼。人类依仗着高科技，加速了对自然的征服、控制和支配，同时也正在更快速地受到自然的强烈反抗和报复。

无可怀疑，由于现代科技的发展，人们的生活和医疗条件等都得到了极大的改善，因而现代人的平均寿命也大大地提高了。然而，如果人们不能有效地解决生态平衡和环境污染的问题，那么不仅能否长期保持现代人的健康长寿将是个问题，进而更为严重的是必将贻害子孙后代，大大缩短整个人类在地球上生存的历史。这也是今天摆在我们面前非常迫切、应当认真思考的问题。

现代生活使得人与人之间的关系越来越疏远。随着现代通讯手段的发达，缩小了地球世界，许多人与人之间的交涉或交往为电话、电报、电传、传真、电脑所替代，因而也间隔了社会中人际间的直接感情交流。同时，在现代高科技提供的各种现代化生活手段的环境中，通过自动化设置，乃至电脑程序控制完全有可能为一个人的生活安排得十分周到舒适，因而也为个人封闭式（孤独）的生活方式提供了方便的条件。如此种种，进一步加深了现代社会生活中孤寂症的蔓延。

如果从文化根源上来分析，人们在现代生活中所经受的种种病变和煎熬，则是与现代人的价值取向有着不可分割的联系。而其中以无限度地追求物质增长和一切以自我为中心联系最为密切，影响最为深远。

这里所说的以自我为中心包含着两个不同方面的意义。一个是指与上述追求物质增长和生活享受联系在一起的，即一般伦理意义上所谓的个人主义或利己主义。它的膨胀将导致社会上的严重的人格危机。而且这种（外在的）以自我为中心，其结果却往往是落得个（内在的）自我失落。第二是指与自然相对的人类自我中心。它的膨胀则以为人类可以任意地控制和支配自然万物。其结果则如上所述，不断地、越来越迅速地遭受到自然的强烈反抗和严厉报复。又诚如一些学者所指出的，在人与自然关系中的以人（我）为中心，从某种意义上说，也可说是人的一种利己主义的自我陶醉。

必须指出，现代生活中的种种病变是与一定的文化价值取向有着密切关系的。因此，同样无可讳言的是，上述的种种社会病变，大都是与西方文化的某些基本观念、思维方法和价值取向等有着直接的关系，而至少也可以说，它与盲目地、片面地理解和接受西方文化有关。

东方文化（尤其是中国文化中的儒、释、道）对防止和医治现代生活中的种种病变，大有可获启发之处和可资借鉴之处。

中国的儒、释、道三家，都十分强调人与自然和谐一体的思想。他们认为，人与天地万物同为一气所生，互相依存，具有同根性、整体性和平等性。如《庄子·齐物论》中说："天地与我并生，而万物与我为一。"儒家也因此倡导"仁民爱物"，如宋代著名哲学家张载说："民吾同胞，物吾与也"，着意强调万物与人为同类，应当推己及物。理学的创始者之一程颢也说："人与天地一物也""仁者以天地万物为一体""仁者浑然与物同体"，等等。汉儒以阴阳五行说大讲天人感应，其间附会于社会历史、政治、人事等方面者多为迷信之属，已经遭当时著名思想家王充尖锐而深刻批判。然其被吸收于医学中者，则成了中医重视自然环境对于人的健康和疾病密切相关的重要基础理论。中医认为，人与自然的和谐状态的破坏或失调，可以说是人得病的最主要的原因之一。反之，保持人与自然的和谐，也就是保证人的健康的最重要的因素之一。体现于中医的治疗中，则无论是诊断还是处方，都首先参之以时令节气，乃至于严格到选择药材之产地产时。这种把人类健康与自然环境联系起来的观念，是完全符合事实的科学的理论。同时，这种观念也告诉人们，为了人类自身的健康，必须要全力保护人类赖以生存的地球自然环境。这在当今世界尤其有十分重要和积极的意义。此外，儒家还有许多关于合理利用自然资源和节约消费的思想，也是值得我们今天借鉴的。例如，荀况把"节用"与"御欲"联系起来，提出人们在生活消费中必须要有"长虑顾后"的观念，而不应当任人之欲。那种"不顾其后"，随意奢侈浪费的人，乃是一些"偷生浅知"之徒。这是很有深远意义的见地。

佛教提倡"护生"，道家主张自然无为，在人与自然的关系上，他们都强调不为不恃，因任自然。这种对自然的态度，就其消极一面讲，诚如荀子所批评的，是为"蔽于天而不知人"，即忽视乃至放弃人的主观能动性。不过，"因"的思想中并不完全只是消极的，它至少包含着这样两方面的合理因素：一是不以主观的好恶或意愿，随意地去违反或破坏自然及其规律，而遭自然界的报复；二是主动地去适应不断变化了的环境。在"因"的理论中，包含着"权变"和"因时而变"的思想，所以一些道家思想家就强调说："人各以其所知，去其所害，就其所利。"又说："故忤而后合者，谓之知权；合而后忤者，谓之不知权。不知权者，善反丑矣。"这句话的意思是说，看起来与原来的环境不合，然却与变化了的环境相合，这叫作懂得权变；相反，就是不知权变。不知权变者，好事也会变成坏事。人与自然的关系，开始时是畏惧；诚如荀子所描述的，人们靠天吃饭，只好"大天而思之""从天而颂之"。以后，人们在与自然的斗争中掌握了它的一些规律，于是就"骋能而化之""制天命而用之"。然而，随着人类征服自然、支配自然的力量越来越强大，一些人开始忘乎所以，漠然无视自然的力量，以为人类可以随心所欲去摆布自然，其结果就是使当今人类陷入日益严重恶化的生存环境之中。在今天这样一个新的时空环境中，人们似乎可以从一种新的意义上，去体会一下庄子说的"无以人灭天"这句话，它也许对我们今天调整人与自然的关系有所启发。

以上只是列举了很小一部分中国传统文化中关于保持人与自然和谐关系的思想，然而如能灵活地吸取其精神，反思我们今日对待自然的态度，那么对于缓解当前人与自然的紧张对立状态，当会有所裨益。

儒家修身养性理论中的一个重要目标，就是要培养一种与他人和社会群体和谐、协调的道德品格。儒家提倡"己欲立而立人，己欲达而达人"，以及"老吾老以及人之老，幼吾幼以及人之幼"等"推己及人"的精神，至今也还是值得倡导的一种个人品德和社会风尚。

不少人认为，东方传统文化（特别是儒家）忽视（或压制）个性和个人（自我）的权利、价值。这是有一定的历史根据和道理的。但问题亦并非如此简单。当我们冷静地、深入地思考时就会发现，在人类社会中，任何个人都是不可能离开他人和群体而存在的，自我只有在为他我、群体的奉献中，只有在得到他我和社会群体的认可时，才会突显出个人（自我）的存在和价值。因此，儒家的强调献身群体和社会，并非只是消极地否定自我；相反，如果我们能从积极方面去理解其精神，那么个人对他人和社会群体的奉献，正是实现自我价值、养成完美人格的正确途径。人们以崇敬仰慕之意，千年不绝地传诵着宋代名臣范仲淹的不朽名句："先天下之忧而忧，后天下之乐而乐。"这里不正反映了人们对于那些能够把自己献身给社会群体利益的个人价值的高度肯定吗？不正反映了人们殷切期望社会涌现出更多的具有这种品德的人的心愿吗？

目前，不仅在东方，而且在西方，尤其是在那些经济发达的国家里，一股学习禅佛教的热潮正在升起。许多西方的禅学研究者，已不再像过去那样简单地把禅看作是什么"东方神秘主义"了，他们开始注意和研究禅的各种教理与禅的根本精神之所在。学禅打坐不仅能治病健身，调解人体生理上的失衡（这只是禅的低层次上的了解和作用）；更重要的是，对于那些信禅学禅的人来说，它能在相当的范围和程度上调解人们心理上的失衡。禅学从一个方面揭示了自我的本性，着重揭示了造成人生痛苦、烦恼的主观自我方面的原因，并且探求了如何让自我从怨天尤人、授命于环境的被动中摆脱出来，而通过自我主动的努力去解除种种的痛苦和烦恼，做自我的主人翁，等等。如上所分析的，禅学的这些探求正是现代人精神上最渴求得到的东西。加之禅佛教不离人伦日用的世间性格、坚忍不拔的实践精神、自我去缚的解脱主张和当下顿悟的超越喜悦等，禅佛教的世界性热潮正处于方兴未艾之时。

俗话说："人贵有自知之明。"此语源于《老子·第三十三章》："知人者智，自知者明。"以"知人"与"自知"相比较，何者更为困难呢？先秦法家代表韩非认为："故知之难，不在见人，在自见。故曰：'自见之谓明'。"（《韩非子·喻老》）著名玄学家王弼也说："知人者，智而已矣，未若自知者，超智之上也。"看来，他们都认为，一个人要认识自己，比之于认识别人要困难得多。我完全同意他们的见解。在大多数人中，在大多数情况下，往往就是如此，亦正所谓"旁观者清，当局者迷"。推之于人类自身和客观自然之间，我们可以看到，情况与此相类。也就是说，相对而言，人类对于自身的认识要比对客观自然的认识困难得多。我在一篇短文中曾经发表过这样一番感慨，我说：人作为万物之灵，对于客观物质世界的认识，大而至于外空星系的宏观，小而至于量子真空的微观，在今天都已达到了相当的深度，并且对于进一步地去认识它和把握它充满了信心。而与此相比，人对自我的认识，特别是对自我精神世界的认识，则还相当肤浅，愚暗不明。至于通过对自我的认识，来自觉地把握自我的精神世界，这对于多数人来说，更是难之又难了。另外，我还提到，人类在认识自然、改造自然的同时，也有一个自我认识的问题。特别是当人类征服自然的力量越来越强大的时候，人类更需要对自我有一个清醒的、正确的认识。然而，同样这也是比之于认识自然更为困难的事情，或许还可以这么说，人类至今在自知方面尚不是很明的。如上所说，人类依仗着高科技，加速了对自然的征服、控制和支配，同时也正在更快速地受到自然的强烈反抗和报复。在这种紧张的关系中，难道人类不应当认真地自我反思一下吗？我认为，在人与自然的关系中，人是主动的、能动的一方，因此也是关键的一方。换言之，其关键在于人类要对自我有一个恰如其分的认识，并由此而进行自觉的自我节制。

《老子·第三十四章》说："大道氾兮，其可左右。万物恃之而生而不辞，功成不有名，衣养万物而不为主。常无欲，可名于小；万物归焉而不为主，可名为大。以其终不自为大，故能成其大。"这段话是很值得细细体会。我们对于人类的力量和个人能力的认识，是否也应抱这样的态度？既要能认识自己的大，也要能认识自己的小，要能不以大自居，不以小自卑。然而，这并不是一件容易做到的事。人的自我失落，大都来自于自然和他我的不融洽、不协调，而其根子则还是在于自我本身，即不是由于只见自我之小而妄自菲薄，就是由于只见自我之大而盲目尊大，也就是说，不能恰如其分地认识自我，缺乏自知之明。

《金刚经》说："是法平等，无有高下，是名阿耨多罗三藐三菩提（意谓无上正等觉）。"这句话也是很可以借用的。如果能以平等心去认识自我、认识他我、认识自然万物，破除各种偏见和执着，这将有助于克服自我与他我、个人与群体、人类与自然之间的分离和对立，融自我于他我、群体和自然之中，得自我之"大解脱"。

随着现代社会的发展，随着东方国家、民族的走向现代化，人们对于东方文化的了解和研究将不断地深入，因而对它的历史价值和现代意义也将会有越来越深刻的认识。可以相信，在21世纪里，东方文化将在人们的现代生活中产生越来越广泛和深远的影响，并从中获得新的意义和发展。东方文化必将在显示其古老光辉的同时，展现出它崭新的现代风采，并与西方文化一起，为人类更美好的未来做出它应有的贡献。

第十三讲

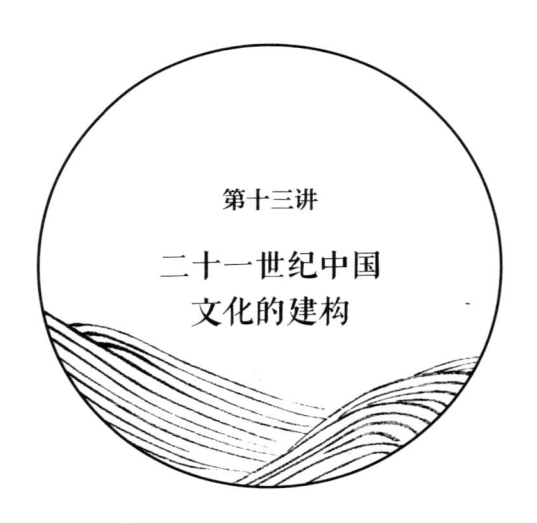

二十一世纪中国文化的建构

当今不少人都在说，21世纪是"亚太"的世纪，是"亚洲"的世纪，乃至是"东亚"的世纪，并认为东方文化，尤其是汉字圈文化，将成为下一世纪的文化主流。对于这些说法的准确性（或者说科学性）究竟如何，我不想妄加评议，因为这是需要由21世纪的事实去证实的。但我深信，这些说法的出现则绝非偶然，更不是少数东方知识分子的自大狂或所谓的"民族主义"情结，而是有其深刻的历史原因和现实依据的。

简而言之，一是随着20世纪下半世纪以来东方民族、国家在政治和经济地位上的变化，在文化上也开始有所自觉，恢复了对自己民族悠久文化传统的自尊和自信；一是世界经济和科技的高速发展，在创造丰富物质财富的同时，也带来了比以往历史上任何时期更为严重的世界性的社会问题和人类生存环境问题，因而迫使人们对于当今世界的文化建构，特别是其中作为主流的西方文化加以必要的检讨，并由此而意识到东方文化对西方文化的互补性，以及东方文化在世界文化建构中的不可或缺的地位。

在思考21世纪中国文化建构的问题时，有必要首先对中国文化在20世纪中所走过的道路进行一番深刻的反思，然后才能对21世纪中国文化应走的道路有一较为清晰和自觉的认识。

毋庸讳言，与亚洲东方所有国家一样，从总体上来说，20世纪中国文化走的是一条以接纳西方文化为主的道路。中国的末代王朝——清王朝，在经过康熙、乾隆、嘉庆三朝盛世后，自道光朝起开始走下坡路，朝政日趋腐败，国力日益衰弱。当时一些有眼光的思想家，也已深刻地觉察到了清王朝和中国面临的严重危机。如著名思想家龚自珍于鸦片战争前夕在揭露当时清王朝的腐败和中国社会面临的严重危机后，就深刻地指出说：即使英吉利不侵不叛，望风纳款，中国尚且可耻而可忧。

这样的政府是无法防止内乱和抵御外侮的。1841年鸦片战争的失败，彻底暴露了中国封建制度的腐朽没落，同时也暴露了中国传统文化结构上"重道轻器"的偏颇和弱点。所以，当时的一些进步思想家就提出了"师夷之长技以制夷"（魏源《海国图志》）的主张，强调学习西方列强"船坚炮利"的器物文化。以后,清王朝内部洋务派所搞的洋务运动,主要也就是引进西方有关制造枪炮、机械等方面的器物文化。在他们看来,中国的政治制度、人伦道德、社会习俗等方面不仅不可改变,而且其传统远优于西方,因此也不必改变。于是,他们用中国传统哲学中的"体""用"范畴,把中国传统的"治统"和"道统"归之于"体",把西方科技、器物文化归之于"用",并提出了"中体西用"的根本方针。

1894年中日甲午战争中中国的失败,把洋务派30年来从事洋务运动的心血毁于一旦,因而也就使人们对洋务派所遵循的"中体西用"的方针提出了疑问。如严复于当时即撰文批驳"中体西用"论在逻辑上和实践上的谬误,以及中西学各自"体""用"之间存在着不可分割的关系和不可随意嫁接的道理,从而强调指出,若要以西学为用,则必须同时接受西学之体,否则就是一种"牛体马用"的谬想。他说:

> 善夫金匮裘可桴孝廉之言曰:体用者,即一物而言之也。有牛之体,则有负重之用;有马之体,则有致远之用。未闻以牛为体,以马为用者也。……故中学有中学之体用,西学有西学之体用,分之则并立,合之则两亡。

这时，人们心目中的西学之体，主要是有关于西方社会、政治制度层面的东西，亦即前面所说的"治统"方面的文化，如民主、自由，立宪、共和等。因而，从戊戌变法到辛亥革命，从康有为到孙中山，他们关注的是对封建政体的局部改良抑或根本的改变。近代中国人的学习西方文化，由此而深入了一个层次。

然而，历史的演进并未就此而止。戊戌变法的惨败和辛亥革命胜利果实为袁世凯所窃取的现实，迫使人们进一步来思考中国传统文化中最深层次的"道统"问题。所以，由1915年开始的新文化运动，发起了对中国传统文化的全面检讨，其中主要集中在经过宋明理学系统化了的封建宗法、专制制度与封建伦理纲常观念、道德规范等方面。同时，则开展了对西方文化的全面学习，特别是西方资本主义的平等、民主、自由的政治制度、学术风气以及个人主义的价值观等。此时，经由欧洲与日本，学术界也已接触到了马克思主义社会主义理论，而1917年俄国十月革命的胜利，则进一步推动了马克思主义社会主义思想在中国的传播。1919年爆发的五四运动，一面高举"德先生"（Democratic，民主）和"赛先生"（Science，科学）两面大旗，一面则大声疾呼"打倒孔家店"和彻底粉碎"吃人的旧礼教"，把批判传统文化和接纳西方文化的社会运动推向了一个新的高潮。

自此以后，确定了20世纪中国文化结构以接纳西方文化为主的基本格局。这不仅是指社会生产方式以及经济制度、政治制度的改变，更主要是体现在社会各种观念上的变更，尤其是传统价值观念上的变更。由于第一次世界大战暴露了西方资本主义文明的种种问题，以及受俄国十月革命的胜利与当时流行的无政府主义和马克思主义思潮的影响，20世纪20年代初在中国思想界的一部分人中曾一度出现过对西方文明"完美"幻想的破灭和对东方文化、中国文化的反思。其中，1920年初梁启超旅欧回来后发表的《欧游心影录》和1921年出版的梁漱溟的《东西文化及其哲学》是最具代表的两部著作。然而，在当时急盼中国富强与现代化国人的目光中，西方列强是现代化富强国家的样板，因而很自然地在许多人的观念中也就把西方化和现代化看成了一回事，要现代化就一定要西方化，只有引进西方文化才能使中国现代化。于是，从20世纪20年代末至30年代中，又展开了一场有关西方化和现代化，以及西方文化与中国本位文化问题的大讨论。

此时，有一部分学者明确提出了"全盘西化"的口号。如1933年底当时中山大学的教授陈序经在一篇题为《中国文化之出路》的演讲中把那时国内学术界关于中国文化的主张分析为三派，即所谓"复古派——主张保存中国固有文化的""折中派——提倡调和办法中西合璧的""西洋派——主张全盘接受西洋文化的"。而他自己则是"特别主张第三派的，就是要中国文化彻底的西化"。他认为：

> 现在世界的趋势，既不容许我们复反古代的文化，也不容许我们应用折中调和的办法，那么，今后中国文化的出路，唯有努力去跑彻底西化的途径。

而中国文化必须"全盘西化"的理由，他强调两点：一是"西洋文化，的确比我们进步得多"；二是"西洋现代文化，无论我们喜欢不喜欢去接受，它毕竟是现在世界的趋势"。从当时历史情况来讲，第二点理由是很有道理的，而第一点则不尽然了。特别是他申言之说：

> 西洋文化无论在思想上、艺术上、科学上、政治上、教育上、宗教上、哲学上、文学上，都比中国好。就是在衣、食、住、行的生活上头，我们也不及西洋人讲究。
>
> 在西洋文化里面，也可以找到中国的好处；反之，在中国的文化里未必能找出西洋的好处。

这些申述，显然是极其片面的。然而，"全盘西化"口号提出后，一时附和者却甚多。以至连胡适对陈序经说他只是"折中派中之一支流"，而"不能列为全盘西化派"的分析，还特地加以声明说：

> 我是主张全盘西化的。我是完全赞成陈序经先生的全盘西化论的。

与此同时，也有不少学者对"全盘西化"论提出了批评和不同的看法，乃至针锋相对地提出了建设"中国本位文化"的口号。

1935年初，王新命、何炳松、萨孟武等10位教授发表了一个《中国本位的文化建设宣言》。"宣言"劈头第一句话就说："在文化的领域中，我们看不见现在的中国了。"甚至认为："从文化的领域去展望，现代世界里面固然已经没有了中国，中国的领土里面也几乎已经没有了中国人。"这样激烈的言辞，未免有些危言耸听，并不完全符合当时社会的实际，其目的则是为了提醒世人不能一味模仿外国，而"要使中国的政治、社会和思想都具有中国的特征"。为此，他们提出了"中国本位的文化建设"的要求和办法。要而言之，其基本主张是：

> 中国是既要有自我的认识，也要有世界的眼光，既要有不闭关自守的度量，也要有不盲目模仿的决心。
>
> 不守旧，不盲从，根据中国本位，采取批评态度，应用科学方法来检讨过去，把握现在，创造将来。

"中国本位的文化建设"的主张，遭到了"全盘西化"论者的批评，胡适指其是"'中学为体，西学为用'的最新式的化装出现"。但同时也引起了不少人的关注与赞同，其中一些学者特别强调了在与外来文化接触和吸收中树立"中国本位意识"和"主体意识"的重要性。如有的学者说："没有本位意识，是绝对不可与外来文化接触的。"因此，在建设"中国本位文化"之前，"还须先建设'中国本位意识'以为前提。若是不然，则我们一切的努力，是要归于白费的"。有的学者则说："一个民族失了自主性，决不能采取他族的文明，而只有为他族所征服而已。"因此，只有"恢复中国人的自主性，如此才能有吸收外族文化的主体资格"。

此外，在这次讨论中，一些学者还特别强调了这样一个观点，即"现代化"不等于"欧化"或"西化"。如说："'科学化'与'近代化'并不与'欧化'同义，所以我们虽科学化、近代化而不必欧化。""现代化可以包括西化，西化却不能包括现代化。"由此，他们认为，就中国的现代化来讲，既要"将中国所有西洋所无的东西，本着现在的智识、经验和需要，加以合理化或适用化"，同时也需"将西洋所有，但在现在并未合理化或适应的事情，予以合理化或适用化。"以上这些观点和想法，即使在今天也还是有一定启发意义的。

尽管在各次论战中公开宣称要"全盘西化"的人并不是很多，但如上所述，由于历史的原因，把现代化认同于西方化的则至今仍不乏其人。因而在20世纪以来的社会具体改革实践上和大部分人们的潜在意识上，"全盘西化"事实上占了主导的地位。正由于此，长期以来在中国传统文化的认识和处置方面存在着严重的片面性。

| 1 |

应当说，在以往的一个世纪中，中国文化走以西方化为主的道路是有其历史的必然性和必要性的，它对中国社会的进步发展是起了积极的促进作用的。同样，这一时期中对于中国传统文化的清算和批判也有其历史的合理性，

因为没有这样的清算和批判，人们很难摆脱几千年来形成的旧观念的束缚。

然而，当我们回过头来冷静地审视与反思一下以往这个世纪中国文化所走过的道路，则就不难发现其中存在着不少认识上和结构上的偏颇。其中最突出的问题，我想是中西文化比重的严重失衡。而最足以说明问题的事实是，从近代实行新式学校教育以来，我们的学校制度、课程设置基本上是仿照欧美（以后又是苏联）模式，而课程内容也以西方文化为主（数、理、生、化和外语自不必说，史、地是中外对等；音乐、美术的题材可能是中国的，而方法则都是西洋的；中国语文的内容当然都是中国的，然以新文化运动以来的现代题材和范文为主，而所教的语法则几乎全是从西洋语法中套用过来的）。反之，中国传统教育方法（其中有不少优秀的东西值得继承）几乎全被摈弃，中国传统文化方面内容更是少得屈指可数。因此，除大学攻读各类有关中国传统文化专业的学生外，从这样的小学、中学、大学中培养出来的人，如果他又没有课余对中国传统文化不同程度的爱好，那他的知识结构肯定是西洋知识超过中国知识。就在现在，我们还常常可以听到这样的议论：中国知识青年所具有的西方知识远比西方知识青年所具有的中国和东方的知识来得丰富，并以此为骄傲。我想，我国知识青年具有较多的西方知识，这无疑是一个优点，值得肯定和赞扬。但是，同时我们也一定听说过，一些西方学者对我国不少大学生、研究生有时连一些最起码的中国传统文化知识也不甚了了所表示的惊愕吧。那么，对此难道就不应当让我们感到羞愧，并引起我们的深刻反省吗？

如上所述，由于近一个世纪以来社会对中国传统文化的认识存在着严重的片面性，造成了长期以来国民基础教育中轻视传统文化教育的偏差。现在是到了纠正这些片面性，重新来认识中国传统文化的时候了。这里需要说明的一点是，我认为以往所出现的对传统文化认识上的片面性，绝不是由个别人造成的，而我们今天提出纠正这些片面性，也并不是说我们比前人高明。事实上，如果没有前人和前一历史时期所走过的弯路，也可能根本就不会有我们今天的这种反思、认识和愿望。这也就是说，我们今天提出的反思和重新认识，主要是着眼于今后中国文化的建构与发展，而不是纠缠于历史的是非。因此，我在这里主要也是从历史发展的角度来探讨有关重新认识中国传统文化的问题，不一定涉及许多传统文化的具体内容。

人们习惯地把当今世界文化现象概括分之为东西方文

化两大类型，而从历史发展的角度来追述，则又常常概括为五大文化圈乃至二十多种文化类型。中西方文化之间的差异，从根本上来说是不同类型文化之间的差异。然而，这种不同类型的文化，在其各自的历史发展过程中，由于所在地区、民族、国家具体历史进程的差异，当人们在同一时段内对他们进行比较时，则又会显现出许多时代性差异的特征来。从理论上来讲，当我们对中西文化进行比较时，最主要的是应当注意其类型上的差别，发现其间由此而形成的各自不同特点，以及相互之间的互补性，以推进全人类文化的共同繁荣和发展。但是，要在实践上这样去做并不容易。在以往的一个世纪里，在有关中西文化的争论中，有不少学者都已注意到了中西文化的类型上之不同，并强调不应对西方文化盲目崇拜，对中国传统文化妄自菲薄。然而，由于当时中国社会历史发展阶段、经济发展水平整整落后于西方地区和国家一个历史阶段，因此社会上对中西文化之间的差异，更注意和强调的是两者之间的时代性差异。特别在中国，由于单纯学习西方器物文明（从魏源提出"师夷之长技以制夷"到洋务运动的"中学为体，西学为用"，时间有半个世纪）的彻底失败，维新变法的失败，乃至辛亥革命果实的被篡夺等，更增进了人们对中国传统文化在时代上落后的想法。这也就是在以往一个世纪中为什么会形成对中国传统文化有如此强烈批判和否定倾向的一个重要历史原因。

现在的时代不同了。第二次世界大战结束以后，特别是20世纪60年代中期以来，东方地区、民族、国家和社会的情况发生了巨大的变化。这些民族和国家不仅在政治上摆脱了殖民地或半殖民地的地位，取得了独立，而且其中一部分国家在经济上也取得了高速的发展。新中国1949年建国，70年代末实行改革开放政策以来，经济上取得了巨大的发展。这些都说明，东方地区、国家的整个社会发展情况发生了根本的变化，与西方地区、国家相比尽管在许多方面还存在着不同程度的差距，但它已不再是过去那种历史阶段或时代之间的差距了。正是这种政治、经济、社会境况的变化，促使东方民族对自己的文化传统进行反思，并开始恢复对民族传统文化的自信。这正是我们所以提出要重新认识中国传统文化的现实根据。

在强调中西文化的时代差异中，最突出的一个问题是民主（或者说自由、平等、民主）思想问题。毫无疑问，在中国传统文化中是找不到近代意义上的民主思想和自由、平等观念的。事实上，西方近代文化中的自由、平等、民主思想，也并非古已有之的，而是在社会发展到以工商资本为主要形态以后,并且通过激烈的社会变革和观念变革才发展起来的。因此,在当时还处于封建社会的中国传统文化中找不到近代工商资本社会所具有的民主思想观念是一点也不奇怪的。中国人民百年来前仆后继的流血奋斗,正是为了改变这种中西社会和文化上的时代差异问题。尽管今天中西社会在经济和文化发展程度方面还存在着不小的差距,但应当明确一点,这种发展程度上的差距,已不是过去那种时代的差异了。

相对于解决中西文化的时代差异问题,处理中西文化类型上差别的问题要复杂得多。如果说时代上的差异我们可以通过社会变革和观念变革来迎头赶上,乃至消除的话,那么对待文化类型上的差异是不能用"赶上"的方法去解决的,而且可能是永远不能消除的。因为,这种文化类型的差异,是在各自地区、民族、国家的文化长期发展中形成的,它凝聚着不同地区民族的历史传统,体现着不同地区民族的特有性格和精神风貌(诸如生活习俗、礼仪举止、思维方式、价值观念等),因而它也就会深刻地影响着不同地区、民族、国家今天文化发展的总体方向和特点。在这一问题上是不可能,也不应当强求一致的。当然,这并不是说不同类型文化之间不需要交流,更不是说不同文化类型之间不可能进行交流。事实上,从古到今，不同类型的文化之间无时无刻不在进行着交流。融通是一种交流，冲突也是一种交流。只是，这种交流总是以一种文化为主体去吸取另一种文化中与己有益的营养成分来丰富和发展自己。因此，在不同文化的交流中，主体意识是不能没有的，否则出主而入奴，将沦为他种文化的附庸。

西方近代民主思想并非古已有之，但这并不意味着它与西方传统文化毫无渊源关系。众所周知，西方近代文化发端于欧洲的文艺复兴，仅此即可说明西方近代文化的形成，与它对传统文化的继承和发扬有着密切的关系。再有，同样是众所周知的事实，欧洲近代启蒙运动深受东方文化，特别是中国儒家孔子思想的启发。在当时许多欧洲启蒙思想家那里，中国一度成为他们心目中的理想国，儒家伦理被解释为最富民主、平等精神的学说，孔子也被推尊为时代的守护尊者，赞美、景仰之情，溢于言表。然而，西方近代文化的发展并没有因此而同化于东方或中国文化，而是在积极吸取中国传统文化中的人文精神等营养以后，发展出了与古希腊、罗马和希伯来传统文化接轨的近代西方文化来。西方近代的人本主义不等同于中国传统文化中的人文精神，西方近代的平等观念也不等同于中国儒家"民胞物与""推己及人"的"泛爱"说，而西方近代的民主思想则更是不等同于中国儒家的民本理念。弄清楚这一点是非常重要的。

以上的事实至少告诉我们三件事：一、在西方近代文化的发展过程中，曾受到过东方，特别是中国传统文化的极大影响，并吸收了其中某些有益的营养；二、在西方近代文化的发生过程中，曾积极继承和发扬了西方传统文化中的优秀成分，并以西方文化为主体来吸取外来文化营养的，由此而形成的近代文化是一种西方类型的文化；三、在中国传统文化中并不是一点也没有可为近现代民主思想和制度借鉴和启发的东西，相反，它已对西方近代民主思想和制度的生成发生了某种启发作用，因而，只要今人选择和诠释得当，也必将对中国现代民主思想和制度的健全有良多的启发与借鉴。

西方近代文化发生发展的历程是很值得我们深思和借鉴的。学习、借鉴和吸收外来文化，与继承、发扬传统文化，应该而且也是可以很好地统一起来的。它既不像某些人所鼓吹的，对外来文化只能全盘接受；也不像某些人所描绘的，中国传统文化落后、腐朽到一无可取之处。

以往一个世纪所以对中国传统文化有那么激烈批判的另一个重要原因是，当时正值西方实证科学最为兴旺的时期，理性至上与逻辑推理，实证至上与普遍有效等被视为唯一的科学方法，而凡与此不一致者，则被斥之为非理性的、非科学的，甚至是愚昧落后的、神秘主义的，应当被淘汰。毋庸讳言，中国传统文化的思维方式与实证科学的思维方式相距甚远，于是在那一时代追求实证科学的人们的目光里，中国传统文化就成了落后无用，必然要被淘汰的东西了。而中国传统文化中那些模糊含混、缺乏逻辑推理和神秘主义的思维方式，则更是发展实证科学思维方法的严重阻力，必须彻底批判和清除。

现在，这种情况也在发生变化。现代科学的发展，越来越发现实证科学的方法远不是完满的，更不是唯一的。许多科学家在研究中碰到用实证科学方法无法证明和解释的问题时，正在越来越多地到东方（包括中国）传统文化中那些模糊、混沌的理论与方法中去寻求解答，并且取得了相当可喜和可观的成果。

| 2 |

通过以上的反思和分析，现在可以来谈对于21世纪中国文化建构的设想了。我认为，中国在21世纪的文化建构中必须注意两个方面的问题：

一是调整好中西文化的比例，确立中国文化的主体意识，树立对中国文化（包括传统文化）的自尊和自信；二是调整科技文化和人文文化的比例，充分认识人文文化在社会发展和进步中的重要意义，积极扶植和发展人文文化。

关于第一个调整，我想通过以上的分析与论述，应当说已经很清楚了，似勿需多讲了。然而，尚需要啰唆几句的是，时至今日还有那么一些人对中国传统文化抱有各种很深的成见。如对儒家思想，有的人就认为，尽管经过这么长时间的激烈批判，但儒家传统中的封建伦理观念在社会生活的各个方面仍然有着很深的影响，尤其是在那些深层的人际关系中，以及比较闭塞、落后的农村。因此，他们认为，清除儒家传统伦理的影响，引进现代西方的生活规范和伦理观念，仍然是当前思想文化方面的主要任务。于是，一些人就常常把提倡继承和发扬中国传统文化的意见，与所谓的"复古主义"、宣扬"封建意识"等联系起来而加以反对。

不容否认，上述关于传统文化，特别是儒家伦理中那些封建糟粕还在产生着影响，是有一定根据的。事实上，对于传统文化中的糟粕部分及其消极影响，在任何时候也不敢说已经清除干净了这样的话。因为，作为一种曾经存在过的，而且有着广泛深刻影响的历史文化，只要有合适的环境，它就有可能死而不僵，就有可能在现代社会中沉渣泛起，人们对此自不应掉以轻心。然而，我们也决不能因此而因噎废食，不要或不敢去继承传统文化中的优秀部分，发扬其积极的影响。更何况还有另一方面的事实也在促使人们去深思。那就是，由于以往的过分否定传统（包括儒家）伦理，无论在家庭中还是在社会生活中，有多少人脑子里还有"孝悌""忠信"等伦理观念？以至于在一般人的头脑中，特别是青年中，连最起码的家庭、社会伦常观念都不清楚。更有一些人在模糊不清的西方"自由""平等"等观念的驱使下，甚至连如何克尽正常社会分工下个人职业职责的伦理观念都没有。因此，从当前来讲，很有必要强调一下继承和发扬中华民族的传统美德，并且认真地吸取传统（包括儒家）伦理观念中那些合理的内容，从而建立起符合时代精神和需要的伦理观念和社会伦序来。

20世纪是科技文化获得空前发展的一个世纪，它在天道（物理）探求方面所取得的成就，超过了以往的所有世纪，这是值得人类为之骄傲的。然而，20世纪人类在人道（伦理）的探求和建设方面是否也取得了可以与科技成就相提并论的成就呢？这是我们今天要深刻反思的问题。20世纪上半个世纪接连发生了两次世界大战，当时它引起了世界上许多思想家的反思。许多思想家对以西方文化为主导的文化取向一度发生了疑问，出现了一股新人文主义的思潮，出现了一批向往东方文化人文精神的思想家。我国20世纪二三十年代的那场中西文化大讨论，也与这一时代背景有着密切的关系。当时，有些中国学者已深刻地认识到，单纯的科技文化的发展并不能真正地、完全地解放人类。如瞿秋白说：

> 技术和机器说是能解放人类于自然权威之下，这话不错，然而他不能调节人与人之间的关系。资本主义时代的科学尤其只用在人与自然之间的技术上，而不肯用到或不肯完全用到人与人之间的社会现象上去。
>
> 技术的发明愈多，人类的物质的需要也愈多——如此转辗推移，永无止境。
>
> 文明人不但没有从物质生活解放出来，反而更受物质需要各方面的束缚锁系。以全社会而论，技术文明始终只能解放一部分的人。（《现代文明的问题与社会主义》）

这些分析，即使在今天也还是极具启发性的。但是，在20世纪的下半个世纪，随着高新科技的高速发展，物对人的引诱力和支配力是越来越强大了，注重人伦道德的人文精神被追逐物欲的浪潮所淹没，人文学科也由此而受到冷落。20世纪文化发展的总趋势，仍然如英国著名历史学家汤因比所说的，是对科技的崇拜。

在当今新知识层出不穷、瞬息万变的信息时代，人们如果在科技文化知识方面不能不断提高和更新的话，则必将为时代所淘汰。但是，在人们不断提高和更新科技文化知识的同时，也不能回避这样一个问题，即这些高、新、精、尖的科技知识，在迅速提高人们的物质生活的同时，是否有利于改善人类的整体生存环境，是否有助于人类的精神生活的提升？许多有见识的人们发现，人类创造的现代高科技的广泛开发和应用，不单纯是一种征服自然的力量，反过来也会成为控制和支配人类自身的一种强大的力量。人类征服自然的手段和力量越来越强大，同时对于这些手段，以及人为环境的依赖也越来越厉害。于是，只要这种人为环境中的任何一个环节出现一点小问题，都有可能使整个社会和个人生活陷于瘫痪。这也就是说，人类正在不断地沦为自己所创造出来的高新科技的奴隶，个人、社会和国家正在不断丧失自我和个性。由此而造成的种种社会问题,是当今世界最严重的危机。

其实,由科技发展带来的种种严重社会问题,其责任并不在科技发展本身,而在于发展科技的人,在于现代人的价值取向。无可否认,当今世界是一个讲求实力的时代,全世界的实力竞争,把全人类逼上了一条无限追求物质增长的险途而不能自返。由此,追求物质财富和生活享受也就成了绝大多数现代人的主要人生目标,而在某些人那里甚至是唯一的目标。在这样的价值观念支配下,一切都只是为了功利,为了生活享受。因此,自然环境和科技手段都只不过是达到人们某种功利和享受的资源和工具,可以不顾一切后果地去攫取它。更有甚者,在这种价值观的支配下,他人也只不过是一种物,一种资源,一种相互利用的关系而已。于是,人与自然的关系,人与人的关系,都被严重地扭曲了。因此,要克服和摆脱这种人类创造力的自我异化,单靠科技的发展是无法解决的,而只有重兴人文精神,重塑现代人的价值取向才有可能。正是有鉴于此,我认为中国21世纪文化建构的方向,应当大力加强人文文化建设的力度,充实人们的精神生活,健全社会的文化结构。

鸣　谢

"青心·明见"是青心国学系列新创建的品牌，主旨即"明心见性"，通过国学、传统文化的智慧，让大家在阅读中能够心底清明、照见自己。我们的目标是把国学大家的学术文化作品，转化成大众能够轻松阅读、乐于接受的内容和形式；让国学走进大众的日常生活，让传统文化复兴从理念转变成实践，真真正正做到"以人为本"，让大师与大众面对面。

在做明见系列的过程中，特别感谢中国文化研究会会长默公先生在整体策划上的支持和帮助，以及中国政法大学哲学系副教授孙国柱先生在楼宇烈系列选题上的细致指导。我们会再接再厉，做出更多优秀的国学类图书，陪伴大家一起成长。

作者简介

楼宇烈，1934年生于杭州，是享誉海内外的资深学者，中国优秀传统文化的集大成者和虔诚守护者，北京大学哲学系暨国学研究院教授、博士生导师，北京大学宗教文化研究院名誉院长，中国佛教文化研究所所长。主要著作：《王弼集校释》《中国的品格》《温故知新——中国哲学研究论文集》《中国佛教与人文精神》《宗教研究方法讲记》《中国人的人文精神》等。

内容简介

本书是楼宇烈先生对于中国传统文化的根本精神、内涵特点、当代价值等内容的理解与阐释。全书分为十三讲，具体涉及中国传统哲学的思维底蕴、中国文化中的艺术精神、中国人的主体修养学说，以及中国文化的反思与展望等内容。尽显中国传统文化的深度和广度，彰显国学智慧。

图书在版编目（CIP）数据

国学十三讲／楼宇烈著. -- 北京：中国青年出版社，2024.3
ISBN 978-7-5153-7004-0

Ⅰ.①国… Ⅱ.①楼… Ⅲ.①国学—研究 Ⅳ.①Z126

中国国家版本馆CIP数据核字（2023）第139605号

版权所有，翻印必究

国学十三讲

作　　者：楼宇烈
明见系列总策划：默公
选题策划：吕娜
责任编辑：吕娜
特约审订：孙国柱
助理编辑：史晓琳
书籍设计：瞿中华
出版发行：中国青年出版社
社　　址：北京市东城区东四十二条21号
网　　址：www.cyp.com.cn
经　　销：新华书店
印　　刷：山东新华印务有限公司
规　　格：787mm×1092mm　1/32
印　　张：9.25
字　　数：160千字
版　　次：2024年3月北京第1版
印　　次：2024年3月山东第1次印刷
定　　价：79.00元
如有印装质量问题，请凭购书发票与质检部联系调换。联系电话：010-57350337